Philipp Scharrenberg
OFFIZIELL VERRUFENES BUCH

PHILIPP SCHARRENBERG

OFFIZIELL VERRUFENES BUCH

GESCHICHTEN, POESIE & BÜHNENGESCHNETZELTES

1. Auflage August 2024

© Satyr Verlag Volker Surmann, Berlin 2024
www.satyr-verlag.de

Cover: Karsten Lampe
Autorenfoto Umschlagklappe: Marvin Ruppert
Korrektorat: Matthias Höhne
Druck und Bindung: Dardedze Holografija, Riga
Printed in EU

Die Marke »Satyr Verlag« ist eingetragen auf den Verlagsgründer Peter Maassen.

ISBN: 978-3-910775-14-5

Inhalt

Bevor es losgeht

Ich höre schon die Fragen der verschreckten Interviewer: »Ein ›Offiziell verrufenes Buch‹? Oha. Was ist denn so verrufen daran?« – Keine Sorge, Sie haben nicht versehentlich eins der Bücher erwischt, die man vorsichtshalber in der braunen Papiertüte nach Hause trägt. Aber – wie im vorliegenden Buch beschrieben – manchmal muss man durchaus aufpassen, *was* man *wo* im öffentlichen Raum liest ...

Geplant als Fortsetzung meines Lyrikbandes »Kann denn Liebe Syntax sein?«, machten die zusammengesuchten Gedichte aus der Corona-Zeit, den Programmen »Realität für Quereinsteiger« und »Verwirren ist menschlich« ziemlich schnell klar: Dat reicht nit. Und da ich kein Dampfdruckdichter bin, der zwischen Frühstück und Morgentoilette schon die ersten vierzig Verse raushaut, hieß es, entweder viele weitere Jahre zu warten, bis genügend Gereimtes zusammengekommen sein würde, oder ... es zu strecken. Mit Prosa. Mit Dialogen. Mit seltsamen Textformen, die sich auch nach einiger Bearbeitung beharrlich weigern, in die Schublade eines Genres zu passen. Mit allem Möglichen, das sich im Laufe von fast zwanzig Jahren Poetry Slam, Lesebühne, Kleinkunst und Kabarett angesammelt hatte.

Im Nachhinein betrachtet ein echter Glücksfall. Das Genrediktat war gefallen, die Schubladen standen offen, und so hatten auch all die anderen Texte die Chance auf ein Dasein abseits des Archivs: Texte aus den »wilden Jahren« der Anfangszeit meines Bühnenlebens. Nummern, die für Lesebühnen verfasst und nur ein einziges Mal vorgetragen wurden, um dann in der Schublade zu versauern, in die sie überhaupt nicht passten. Kurzgeschichten und Dialoge, die fester Bestandteil meiner Bühnenshows waren und die sich das Publikum mitunter immer noch als Zugabe wünscht. Es tut gut, sie hier alle gleichberechtigt nebeneinander zu sehen.

Ob das Ergebnis wirklich so verrufen ist, entscheiden letzten Endes *Sie*. Bitte suchen Sie nicht nach einem roten Faden – es gibt keinen. Und falls Sie dennoch einen entdecken, ziehen Sie ihn raus und schicken Sie ihn mir. Er würde mich interessieren.

Philipp Scharrenberg

Kennst du das?

Kennst du das? Du willst dir einen Vortrag oder ein Video im Netz anschauen, und bevor es losgeht, erscheint jemand und fragt: »Kennst du das?«

Er wird irgendein Problem ansprechen, um deine Aufmerksamkeit zu erregen; er wird alles daransetzen, dich abzuholen, indem er etwas sagt wie: »Kennst du das? Du willst dir einen Vortrag oder ein Video im Netz anschauen und bevor es losgeht, erscheint jemand und fragt: ›Kennst du das?‹«

Du fühlst dich ertappt und denkst: »Ja, das kenne ich. Natürlich kenne ich das, das passiert mir andauernd. Wie kann das sein? Wie kann es sein, dass hier genau über *mich* gesprochen wird?«

Die meisten Menschen, mögen sie noch so intelligent sein, werden auf diesen Trick hereinfallen. Sie werden sich weismachen lassen, dass es einen einfachen Fünf-Punkte-Plan gibt, um die gängigen Fehler im Umgang mit dem angesprochenen Problem zu vermeiden. Warum? Weil sie die fünf Fehler im Umgang mit solchen Videos nicht kennen.

Im Folgenden möchte ich dir fünf Punkte verraten, um solche Tricks von vornherein zu durchschauen. Fünf einfache Punkte, mit denen du, wenn du sie Schritt für Schritt befolgst, nie wieder auf Fünf-Punkte-Pläne hereinfällst.

Aber bevor wir dazu kommen, möchte ich dir noch Folgendes sagen: Die fünf Punkte in solchen Videos werden nie verraten. Nie. Stattdessen wird man dich vertrösten mit einem Satz wie: »Aber bevor wir dazu kommen, möchte ich dir noch Folgendes sagen: Die fünf Punkte in solchen Videos werden nie verraten. Nie. Stattdessen wird man dich vertrösten mit einem Satz wie: ›Aber bevor wir dazu kommen, möchte ich dir noch Folgendes sagen ...‹«

Vermutlich wird man dir erzählen, dass du zu einer kleinen, ausgewählten Gruppe von Menschen gehörst, die jetzt die Möglichkeit haben, ihr Leben dauerhaft zu verbessern. Wenn du nur weiter zuhörst, bis die fünf Schritte verraten werden.

Glaube ihnen nicht. *Glaube* ihnen nicht. Du gehörst zu einer kleinen, ausgewählten Gruppe von Menschen, die gesagt bekommen, dass sie gesagt bekommen, dass sie zu einer kleinen, ausgewählten Gruppe von Menschen gehören. Damit hast du die Möglichkeit, dein Leben dauerhaft zu verbessern. Also bleib weiter dran, bis ich dir die fünf Punkte verrate.

Denn jetzt wird man auf das Produkt zu sprechen kommen, das genau für dein Problem entwickelt wurde. Auf die Businesslösung, die dir nun verkauft werden soll.

Erinnerst du dich? Am Anfang hattest du gar kein Problem. Du wolltest dir einen Vortrag oder ein Video im Netz anschauen, und bevor es losging, erschien jemand und fragte: »Kennst du das?«

Und jetzt wird er dir erklären, warum sein Produkt genau das passende Tool für dich ist und wie es dir angeblich helfen soll.

Aus genau diesem Grund haben *wir* »KLEINKUNST & KABARETT« entwickelt. »KLEINKUNST & KABARETT« ist genau das passende Tool, das dir helfen soll, Businesslösungen zu durchschauen, die dir helfen sollen, Businesslösungen zu durchschauen, die dir helfen sollen, Probleme zu lösen, die du ohne sie gar nicht hättest.

Also, lass dir nichts erzählen von Leuten, die dir erzählen, du solltest dir nichts erzählen lassen. Nimm jetzt die Abkürzung wie Zehntausende vor dir und schau dir »KLEINKUNST & KABARETT« an. In fünf einfachen Schritten.

Vielen Dank.

Offiziell verrufener Ort

Immer, wenn ich durch die sauberen Straßen Münchens spaziere, wenn ich durch sichere Viertel streife, in denen rechtschaffene Bürger hinter geputzten Gardinen den Lodenjanker anlegen, wenn ich von den *zwei* Obdachlosen, die es in Schwabing-West gibt, um eine Spende gebeten werde ... dann erwacht in mir die Sehnsucht nach Abenteuer. Nach Verwegenheit. Nach dem Nervenkitzel des urbanen Schmelztiegels, dem Moloch mit seinen dunklen Gassen und brennenden Tonnen und Slums und No-go-Areas, wo sich Fuchs und Hase »Die, motherfucker!« sagen. Nach Gefahr. Und nach ihrer Hauptstadt: Stuttgart. In München, wo selbst der Underground Lederhosen trägt, ist alles »Basst scho«. Stuttgart dagegen ist »Krass, Alda, weisch?« – Im Ernst? »*Weisch?*« Wie viel artikulatorische Chuzpe muss dazugehören, Kanak-Sprak und Schwäbisch gleichzeitig zu sprechen? Das verrät schon viel über die schwelende Renitenz dieser Stadt ...

Stuttgart zeigt mir sein wahres Gesicht an dem Tag, an dem ich nahe der Stadtmitte einen kleinen Park entdecke. Da sitze ich gemütlich im Grünen unter blauem Himmel mit einem Comicheft, doch es dauert keine zwei Minuten, bis das Blau die Gestalt zweier Uniformen annimmt:

»Papiere, bidde.«

»Wieso?«, sage ich. »Ist was passiert?«

»Mir dürfet hier jederzeit ohne Begründung Kontrollen durchführen. Das hier gilt offiziell als verrufener Ort.«

»Als ... was?«

»Sie befindet sich an einem verrufenen Ort!«

»Ach«, sage ich, »so schlimm find ich Stuttgart jetzt gar nicht.«

Böser Fehler.

»Noi, dieser Park! Die Stelle hier isch ein offiziell verrufener Ort!«

Ich schaue mich um. Die Ligusterhecke schaut verrufen zurück. Die Lorbeerkirsche lässt ihre Zweige verwegen im Wind spielen. Oho, denke ich, so ist das also. Ein offiziell verrufener Ort – ein Ort, der so verrufen ist, dass sich keiner mehr die Mühe macht, es zu vertuschen? Wie auf alten Seekarten der Hinweis »Here Be Dragons« – eine Warnung an den Wandersmann, der nichtsahnend sein Comicheft im Grünen aufschlägt – im Grünen des Grauens. Mensch, das hätte schiefgehen können! Womöglich wäre ich eingenickt, in den Schlaf gesäuselt von einem verdorbenen Forsythiengebitch! Was, wenn gar ein Blatt auf mich hinabgefallen wäre?! »Comicleser an offiziell verrufenem Ort zu Tode geblättert – Efeu geständig!« Oder ein Tannengewächs hätte seine Nadeln auf mich abgefeuert wie eine florale Stalinorgel – ein, haha,

Heckenschütze: »Das Taxus-Kletterpflanzen-Massaker – There will be Blatt!«

Ich sage: »Ein offiziell verrufener Ort? Ich sehe gar kein Schild?«

»Sehr witzig«, zischt der Polizischt. Dann gibt er meine Daten per Funk durch, während sein Partner mit aufs Äußerste gespannter Körperhaltung versucht, alle Lücken zwischen den Büschen hermetisch abzuriegeln, um mich an meiner Flucht zu hindern. Auf so etwas hat ihn sein Training nicht vorbereitet.

Ich lasse den Blick schweifen und bemerke zum ersten Mal das leere Ein-Gramm-Tütchen am Boden neben mir. Ach so, denke ich, um *die* Sorte Pflanzen geht es hier. Das ist natürlich etwas ganz anderes ... »Haschisch! Marihuana! In *unserer* Stadt! Sodom und Gonorrhö! Wehe dir, pferdlefüßiger Hippiepopanz, wenn ersch der eiserne Besen der Kehrwoche den moralischen Unrat hinausfegt!«

Oh ja, Kehrwoche. Kein Stuttgart-Text ohne Kehrwoche. Um diese kulturelle Zwangshandlung war ich bisher immer herumgekommen; in meiner WG gab es zum Glück nur die I-don't-kehr-Woche. Keine Ahnung, wie viele »Sie-sind-dran!«-Schilder unsere Nachbarin basteln musste, weil wir sie regelmäßig haben verschwinden lassen. Irgendwann sind wir darauf gekommen, die Schilder einfach zurückzuhängen – und ihrer genetischen Programmierung folgend hat die Nachbarin tatsächlich sauber gemacht. Irre.

Der Legende nach warf der erste Stuttgarter seinen Dreck achtlos in eine Erdkuhle, woraufhin Gott sprach: »Siehe! In dieser Kuhle sollst du fortan dein Lager haben und sie auskehren, bis nichts mehr darinnen ist.« Und er gab ihm ein Kehrblech und sprach: »Nimm hin, dies ist dein Blech.« Und der Stuttgarter nahm es und formte ein Automobil daraus und rief: »Heilig's Blechle!« Und er fuhr im Kreis und kehrte, doch egal, wie viel er kehrte, das Auto machte immer genauso viel neuen Dreck. Und darum sind die Stuttgarter verdammt, in alle Ewigkeit sauber zu machen. Sisyphos im Neckartal – alles machen sie sauber: Treppen, Wege, Höfe, Dächer, Bordsteine, Bahnsteige, Beete, Bäume ... Womöglich sogar die Hundehaufen, die darunter liegen! Und dann packen sie die sauberen Hundehaufen in kleine Tüten und schicken sie an ihre Verwandten – nach Berlin-Prenzelberg! Wo die sie auf der Straße auslegen als Dekoration, schöne saubere Hundehaufen, was die Berliner weder verstehen noch zu schätzen wissen; stattdessen treten sie rein und rufen: »Scheiß Schwaben!«, und die Schwaben sagen: »Ja, aber wenigschtens saubere Scheißschwaben ...«

»In der Tat«, sage ich. »Da hat jemand seinen Müll liegen lassen. Wo kommen wir denn da hin?«

Der Polizist setzt ein listiges Detektivgesicht auf: »Isch des Ihrer?«

Wie subtil. Aber verständlich; Schwäbisch ist nicht die geeignete Sprache, um konkreter zu werden. Was hätte er sagen sollen? »Hasch Hasch?«

Funktioniert nicht.

»Hasch Hasch?« – »Noi, noi.« – »Soso.«

»Nein«, sage ich stattdessen, »ich lese doch bloß ein Comicheft.«

»Dann passet Se's nächschte Mol besser uff, Sie wisset ja jetzt B'scheid.«

Ich nicke. »Na klar, das mach ich, Herr Wachtmeister...le.«

Und als ich einige Jahre später in einem Münchner Park ein Comicheft lese, fällt jemandem im Vorbeigehen etwas aus der Tasche. Ein Polizist bückt sich und reicht ihm ein winziges Tütchen. Der Mann wird bleich und stammelt: »Was? Äh, also, i konn des erklär'n, äh, des is gor net ...«

»Naa«, winkt der Polizist ab und wendet sich zum Gehen, »basst scho.«

Verdammt, denke ich, Stuttgart, manchmal fehlst du mir.

 *Diesen Text anhören:*
https://satyr-verlag.de/audio/ovb_ort.mp3

Toffifee!

– *Na, was hast'n so gemacht heute?*
– Ich war einkaufen.
– *Oah.*
– Und dann hab ich ferngesehen. Und du?
– *Ich hab auch ferngesehen. Und dann musst' ich einkaufen.*
– Hm.
– *Und was haste so eingekauft?*
– Fernsehzeitung.
– *Oh.*
– Und du?
– *Ja, hier so Toffifee.*
– He?
– *Tof-fi-fee! Willste?*
– Joa, gib ruhig mal.
– *Hee ... Was machst'n du damit?*
– Wie?
– *Ja wie isst'n du das?*
– Wie? Wie soll ich das schon essen? Ich ess es halt.
– *Du zerkaust das ja einfach!*

– Hä? Was soll ich'n machen? Runterschlucken?

– *Ja, nee, so isst man das doch nicht!*

– Wie, so isst man das nicht? Was heißt'n das, wie isst man das denn?

– *Toffifee! Das muss man einzeln essen! Das schmeckt ja gar nicht, so zusammengematscht.*

– Wie, einzeln? Ich ess es doch einzeln? Du hast mir ja nur eins gegeben.

– *Nicht so einzeln. Die Teile! Das, die vom was drin ist! Erst mal knibbelt man doch mit den Zähnen oben die Schokolade ab.*

– Wo steht'n das? In 'ner Packungsbeilage oder was?

– *Das steht nicht irgendwo. Das ist einfach so. Am Anfang isst man die dunkle Schokolade ab, und dann isst man den Rest.*

– Ich mag überhaupt keine dunkle Schokolade.

– *Ja, darum isst man die ja runter! Man isst doch immer erst das, was man nicht mag, und dann isst man das Leckerere.*

– Ich ess doch nicht was, was ich nicht mag! Wär ich ja schön blöd.

– *Aber du hast die doch gegessen, die dunkle Schokolade!*

– Ja, weil die ja da drauf ist auf dem Toffidings.

– *Toffifee!*

– Ja, Fee! Außerdem ist das ja ganz wenig, das merkt man ja gar nicht.

– *Aha! Na, du bist mir ja 'n schöner!*

– Schöner was?

– *'n schöner: schöner Demokrat!*

– Hä? Was hat'n das damit zu tun?

– *Ja, da schluckst du dann auch alles einfach runter, was du nicht magst, oder was?*

– Was soll'n das jetzt? Das ist ja bei Demokratie der Sinn, dass es da auch Sachen gibt, die einem nicht schmecken.

– *Ach, und wenn genug Leckeres dabei ist, schluckst du das schön mit runter!*

– Na ja, wenn die Mehrheit das entschieden hat? Das ist dann halt der Kompromiss.

– *Das hat doch mit der Mehrheit nichts zu tun, dass da dunkle Schokolade aufm Toffifee ist!*

– Nein, mit der Demokratie!

– *Die da oben hab'n das entschieden! Die tun uns da dunkle Schokolade rauf! Und jetzt kommst du und sagst, wir müssen das alles runterschlucken, was die uns rauftun aufs Karamelltöpfchen!*

– Aufs was?

– *Aufs Karamelltöpfchen!*

– Ich kenn kein Karamelltöpfchen.

– *Das hab ich ja geseh'n! Das ist das, wo das Toffifee drin ist!*

– Das kannste ja so nicht sagen, wo das drin ist. Das Toffoff..., das Tiff...

– *Toffifee!*

– Ja, das. Das ist ja alles. Das ist ja nicht nur das, was drin ist, das Außenrum ist ja auch das Tiffi...

– *Toffifee!!*

– Sag ich ja. Das Außenrum ist das ja auch!

– *Nee, außen rum ist das Karamelltöpfchen! Außen ist das Toffi, und innen drinnen ist die Fee!*

– Unsinn. Da ist doch bloß Haselnuss drin.

– *Ja, und die ist die Fee! Und wenn man da alles rausgelutscht hat, dann rollt man das Karamelltöpfchen mit der Zunge um die Nuss drum rum und dann zerbeißt man die erst!*

– Also das ist mir echt zu kompliziert ...

– *Eben! Das woll'n die doch, die von der Demokratie! Dass wir sagen: »Ist zu kompliziert, schluck ich halt.« Aber nicht mit mir! Ich knibbel die ab! Ich geh in den Laden und knibbel die dunkle Schokolade ab! Von jedem Toffifee! Für die Demokratie! So.*

– Das find ich jetzt irgendwie übertrieben. Du machst ja beim Hanuta auch nicht die Waffel ab vorher.

– *'türlich!*

– Wie jetzt?

– *'türlich piddelt man beim Hanuta die Waffel ab! Gibt ja leider kein Hanuta ohne Waffel!*

– Na, das wär ja auch kein Hanuta, das würd ja gar nicht halten ohne. Das wär ja nur so Bröselcreme ...

– *Aha, dann sagst du also, wir haben ohne Waffel keine Stabilität? Weil da keine Nuss ist im Hanuta?*

– Hä? Wohl ist da Nuss. Heißt doch sogar »Haselnusstafel«.

– *Aber kaputtene! Kaputtene! Da ist doch keine lupenreine Demokratie mehr!*

– Aber im Teffifings oder wie?

– *Tof-fi-fee!! Ja klar, das, das Toffifee ist ... die EU, und das Hanuta ist mehr so ... Türkei. Weil, da ist die Nuss schon zerbröselt!*

– Joa, der Erdogan hat schon einen an der Waffel, das stimmt ...

– *Oder Russland! Wie früher, kannste mal meinen Opa fragen.*

– Es heißt ja auch Russland, nicht Nussland.

– *Genau!*

– Also, mein Opa hat immer gesagt, im Magen kommt eh alles zusammen.

Die Alltagslüge

Auf der Suche nach Dingen, die mich zum Schreiben bewegen, finde ich häufig das Gegenteil: Dinge, die mich nerven. Lustige Kurzgeschichten aus dem Alltag zum Beispiel. Was ist dagegen zu sagen? Dass es Alltag ist. Alltag hab ich jeden Tag, darum heißt er ja Alltag. Warum soll ich mir den auch auf der Bühne geben? Warum sich in der immer gleichen Sozialsuppe suhlen, die als wiedergekäute Soap selbst wieder Alltag wird. Alltag über Alltag. Das ist das grauenvolle Erbe des Realismus mit seinen Fontanes und Büchners, Woyzecks und Effi Briests! Die Kunst steigt von ihrem Podest und spielt mit den Schmuddelkindern. Da fehlt mir das Große, das Bedeutende, der Sturm und Drang, die Dunkle Romantik, die sich selbst zerfleischt und gar keinen Alltag mehr zulässt – das Werther'sche Wühlen im Weltschmerz. Beethoven! Beethoven fehlt mir, denn überall wird nur Mozart gespielt.

Wenn der Vorhang aufgeht, möchte ich ihn nicht mehr sehen, den mozärtlichen Alltag – schon gar nicht den anderer Leute. Ich sehne mich nach Substanz, nach Themen, die über den Alltag hinausweisen: Leben. Schicksal. Raum und Zeit. Das Universum. Schließlich trage ich auch keines dieser großen Themen in meinen Alltag hinein. Beim Bäcker diskutiere ich nicht, ob es eine Idee des Brötchens a priori gibt. Dem Schaffner binde ich nicht auf die Nase, dass Raum und Zeit relativ sind und ich mich durch die Zugfahrt genau genommen gar nicht fortbewege – zumindest nicht auf der kosmischen Skala. Stattdessen bezahle ich mein Ticket und frage den Bäcker, ob er auch *Game of Scones* schaue oder *Baking Bread*.

Rein rechnerisch hätte das Universum deutlich mehr Anspruch auf das Attribut Alltag, denn es umfasst weit mehr Alltage als die Menschheit. Übrigens ist das Universum immer da. Die ganze Zeit. Man vergisst es leicht, weil uns Tag für Tag eine blaue Decke über den Kopf gezogen wird wie ein Rollladen, hinter dem wir es ausblenden können, dieses unfassbare Universum, so groß, dass *mind-blowing* der einzig angemessene Begriff ist – gehirnblasend. Es bläst deinem Gehirn einen, so groß ist es. Wahrscheinlich muss es darum auch raus aus dem Alltag: Es bläst zu gut. Und abends denkt man: Ach, schau, die Sterne kommen raus, so als würde das Universum wieder hochgefahren. Nein, in Wahrheit sind *wir* es, die wieder rauskommen, raus aus dem Alltag.

Aber das Universum erzählt dir eben nicht, was es tagsüber macht, was es mittags isst, es postet keine Bilder, und es will auch nicht darüber reden, wie es sich damit fühlt. Das Universum will nicht dein Freund sein, es folgt dir nicht. Er hat es nicht nötig, sich anzubiedern. Bühnenkünstler haben es nötig. In allen Pressetexten liest man von »lustigen Geschichten aus dem Alltag«, vom »ganz normalen Alltagswahnsinn« – sogar in meinem. Der Pressetext ist natürlich nur der Köder, der Schuss Maggi, der Slip, der unterm Rock hervorschaut und sagt: »Kauf eine Karte! Meine Show ist außergewöhnlich, schräg, witzig, abgefahren, so was hast du noch nie gesehen! Aber keine Sorge, *so* abgefahren ist sie auch wieder nicht, schließlich geht's um – Achtung, Signalwort – *Alltag*! Genau, und den kennst du, der ist *relatable*, und ganz gleich, was der Künstler auf der Bühne macht, er wird dich abholen! Er wird Sätze sagen wie: ›Kennste? Kennste?‹ Und du wirst lachen und denken: ›Ja, genau, das kenn ich – aus meinem Alltag!‹ Du kannst also getrost in deiner Komfortzone bleiben, diese Achterbahn hat Anschnallgurte, und jetzt los, kauf endlich diese verschissene Karte, los jetzt, kauf sie!«

Dabei sind lustige Kurzgeschichten aus dem Alltag meist nur eins: Container, um Gags unterzubringen, die man schon lange in der Schublade hat. Jeder Bühnenkünstler besitzt dieses kleine Notizbüchlein, die Zettelsammlung oder Datei, in der er Einfälle und Sprüche sammelt, um sie irgendwann einmal einzubauen in einer Kurzgeschichte, einem Buch oder einem Song. Um zu zeigen, wie abgekartet dieses Spiel ist, möchte ich im Folgenden ein Exempel statuieren, indem ich aus meinem eigenen Text eine lustige Kurzgeschichte aus dem Alltag mache. Die folgende Szene hat sich genau so abgespielt, ganz ehrlich, großes Künstlerehrenwort:

Bumillo, Heiner und ich sitzen in meiner Wohnung und schreiben. Das bedeutet, dass wir vier Stunden lang Tee trinken und diskutieren, was wir eigentlich sagen wollen, während wir ein Blatt mit Konzeptzeichnungen vollkritzeln und das Schreiben verschieben.

»Ich *hasse* lustige Kurzgeschichten aus dem Alltag«, sage ich.

Bumillo, der tatendurstig durch den Raum tigert, bleibt vor mir stehen: »Hey. Scharri. Das bringt uns jetzt nicht weiter.«

Bumillo ist ein Motivationswunder, der konstruktivste Mensch, den ich kenne. Egal, wie tief der Sumpf der Verzweiflung ist, er vermag sich an den eigenen Haaren herauszuziehen. Er ist eine Art Gemütskatalysator, der aus jeder Lage etwas Positives herausfiltern kann. Wie früher die Minenarbeiter Kanarienvögel in die Bergwerke mitnahmen, um giftige Gase aufzuspüren, sollte man immer einen Bumillo dabeihaben, denn erst wenn *der* das Handtuch wirft, ist eine Situation wirklich aussichtslos.

»Was hast'n auf einmal dagegen?«, will er wissen.

»Ich weiß nicht. Immer Alltag, das ist so kleingeistig, da fehlt mir das *Larger than Life*.«

Bumillo ist schockiert; so viel destruktive Energie hält er kaum aus.

»Wieso denn jetzt kleingeistig? Alltag ist doch einfach *das* Ding.«

Ich nehme einen Schluck Chai Latte mit Agavendicksaft.

»Ich hätte Bock, was über die großen Themen zu machen. Was mit Bedeutung. Übers Universum. Oder vielleicht über Zeit.«

»Ja, aber«, sagt Heiner, halb lustlos, halb genervt, »das Universum ist halt viel zu abstrakt. Das fixt niemanden an. Das *menschelt* nicht.«

Heiner hat es gecheckt. Er hat sowieso jedes menschlich-soziale Dilemma unserer Zeit gecheckt mit seinem analytischen Blick, und ich sehe ihm an, dass er genauso darunter leidet wie ich, auch wenn er es mit dem stoischen Fatalismus des Naturwissenschaftlers hinnimmt.

Bumillo nickt. »Ja, Scharri, das Universum ist nicht sozial. Das Universum hat kein Netzwerk.«

Es ist wirklich so, Bumillo spricht auch abseits der Bühne in Onelinern und Aphorismen. Als ich zwischen zwei Auftritten einmal einen Brückentag hatte, war sein Kommentar: »Denk dran, Scharri, ein Brückentag ist noch keine Venedig-Reise.«

Irgendwie fällt mir in der Diskussion immer der Part des Kleinkindes zu, das mit dem Fuß aufstampft. Auch jetzt wieder.

»Wozu geht man denn auf die Bühne, wenn man dann nur Bekanntes wiederkäut? Es kann doch nicht sein, dass man sich immer so anbiedern muss!«

»Das ist ja die Hirnwichse. Die Leute wollen die Eier gekrault kriegen«, sagt Heiner mit seinem Physiker-wissen-es-besser-Tonfall, der ihm oft als Arroganz ausgelegt wird und auch Arroganz ist – nur dass ihm das egal ist, denn, seien wir ehrlich, er spricht nur aus, was alle denken, aber nicht zugeben. Heiner besitzt eine Art intellektuelles Es. Ein Über-Es; die dunkle Seite des Verstandes hat bei ihm einen Platz auf der Sonnenseite.

»Trotzdem. Immer diese Abholerei, das nervt.«

Heiner grinst. »Das kleine Publikum möchte im Alltagsparadies abgeholt werden.«

»Ich verstehe gar nicht, was daran so schlimm sein soll?«, sagt Bumillo. »Das ganz Große im ganz Kleinen, Scharri. Der Alltag macht doch nur die Türe auf, dann ab durch die Mitte, und wenn die Torchance da ist – zack, verwandeln!«

»Zwanzig«, sage ich.

»Was?«

»Fußballmetaphern heute.«

Heiner zupft an seinem Bart. »Ich sympathisiere ja mit dir, Scharri, aber es ist halt einfach so. Akzeptier's.«

»Okay, Jungs, jetzt mal konstruktiv«, sagt Bumillo. »Welche Gags hab'n wir denn, die wir unbedingt unterbringen wollen?«

»*Baking Bread*«, sage ich.

Fettnapf

Im Warenhaus, im Damenstockwerk,
Steh ich wie der Ochs vorm Blocksberg.

Ja, es muss ein kurzer Rock her
Für die Freundin zum Geburtstag,
Weil sie's eben gerne kurz mag –
Nicht weil ich ein geiler Bock wär.

An der Kasse überreicht man
Mir die Ware: »Zum Verschenken?«
Ich, ganz ohne nachzudenken:
»Nee, ich zieh die Sachen gleich an.«

Wer ficken will,
muss freundlich sein

Ich kann sie nicht ansprechen. Einfach so. In der U-Bahn.

Was soll ich denn sagen? »Hey, bist du oft hier?« Blöd.

»Hab ich dich mal in 'ner anderen U-Bahn gesehen?« Noch blöder.

Wetter geht auch nicht. »Bestimmt schön da oben, oder?«

Ein Kumpel von mir sagt immer: »Wer ficken will, muss freundlich sein.« Dabei bin ich immer freundlich. Sogar zu der Kassiererin im Supermarkt, und von der will ich wirklich nichts, abgesehen vom Flaschenpfand. Hoffentlich denkt die nicht, dass ich was will, bloß weil ich freundlich bin. So läuft das doch: freundlich sein, Nummern tauschen, essen gehen, pimpern, nicht mehr anrufen. Im Kopf mache ich mir eine Notiz: Nächstes Mal im Supermarkt *unbedingt* unfreundlich sein!

Ich kann sie nicht ansprechen. Sie sitzt gegenüber auf den abgewetzten Polstern, die neben ihr noch abgewetzter aussehen. Wenn ich sie anspreche, weiß sie doch gleich Bescheid. Dann wirft sie mir vor, dass ich eh nur das eine will. Laut Statistik denken Männer alle acht Minuten an Sex. Und was ist mit Frauen? Denken die genau sieben Minuten lang an Sex und setzen dann eine Minute aus? Und wer steht als Sexmonster da? – Die Männer.

Die Bahn rollt an und verschwindet im Tunnel. Tief dringt sie ein, kraftvoll wie ... Mist, wieder acht Minuten rum. Na und? Stimmt doch, das ist es, was ich will: es mit ihr treiben. Gleich hier und jetzt. In der U-Bahn. Auf den abgewetzten Polstern. Wahrscheinlich treiben es hier dauernd irgendwelche Leute, darum sind die Polster auch so abgewetzt!

Ich sehe durchs Fenster und bemerke, dass ihr Spiegelbild mich ansieht. Und schnell wegguckt, als sich unsere Blicke treffen. Warum schaut sie mein Spiegelbild an? Gefalle ich ihr spiegelverkehrt besser? Dabei habe ich im Spiegel immer so ein schiefes Gesicht. Ich könnte sie schief anlächeln, dann hebt sich das wieder auf.

Da sitzen wir uns direkt gegenüber und können uns nur im Spiegel anschauen. Erneut blicke ich hin, wieder sieht sie weg. Ist das ein Wink? Bestimmt ist das ein Wink! Sie *will* angesprochen werden, sie erwartet es. Ich muss was sagen, sonst ist sie gekränkt und glaubt, ich fände sie hässlich. Frauen wollen erobert werden!

Das ist so typisch: sich belästigt fühlen, wenn man angesprochen wird – aber wenn man nichts sagt, ist es auch falsch. Dann steigt sie aus und in zwanzig Jahren, wenn ich mit einer Supermarktkassiererin verheiratet bin, steht sie plötzlich vor der Tür, reich und wunderschön, hält mir das abgewetzte U-Bahn-Polster hin und schreit: »Damals hättest du es mit mir treiben können, warum hast du mich nicht angesprochen, ich wollte es doch auch!«

Und sie hat recht, das ist *die* Gelegenheit, die *muss* ich nutzen. Wäre ich nur eine Minute früher losgegangen, hätte ich nicht die erste Bahn verpasst und säße jetzt in einer anderen. Das muss man sich mal vorstellen: Wie gering ist die Wahrscheinlichkeit, dass wir uns überhaupt begegnen? Wir hätten ja auch sonst wo zur Welt kommen können – sie als Heilpraktikertochter in Thailand und ich als Einzeller im unterirdischen Ozean eines Jupitermondes. Da braucht's dann etwas mehr als eine verpasste U-Bahn. Nein, es *sollte* sein, das Schicksal wollte, dass wir uns treffen, dass ich sie anspreche, dass ich sage: »Hey ... Baby.«

Was sage ich denn?

Ich räuspere mich. Sie reagiert nicht. War ja klar.

Überhaupt ist sie eine dieser Frauen, die nur existieren, um Männern wie mir klarzumachen: So eine kriegst du nie. Und jetzt ist sie eingeschnappt und spielt die Unnahbare. Toll. Für wen hält die sich eigentlich? Ich denke nicht daran, den ersten Schritt zu machen. Am besten ignoriere ich sie und behandle sie wie Luft. Das steigert ihr Begehren. Genau, das ist gut! Ich bleibe sitzen und sage demonstrativ nichts, bis sie sich vor Verlangen nicht mehr auf den Polstern halten kann! Werden wir ja sehen, wer das länger durchhält.

Ist vielleicht auch besser so. Bestimmt sieht sie nur toll aus. Das hab ich oft gehört – man trifft eine wunderschöne Frau, dann macht sie den Mund auf und klingt wie

Micky Maus. Oder sie sächselt. Oder beides. Aber dann kann man nicht mehr zurück. Dann hat man sie angesprochen, sie erwartet, dass man essen geht, aufs Zimmer, und da legt sie sich aufs Bett und sagt: »Nu dreib's mit mir, gleisch hier un jetz!«

In meiner Vorstellung verwandelt sie sich in die Kassiererin, die im Kittel vor mir liegt mit nichts drunter – nein, sie liegt nicht, sie *ragt* vor mir *auf*, über ihr das Aroma von Tiefkühlhähnchen, und ich frage mich, ob sie im Bett auch so ein Piepen von sich gibt wie beim Einscannen der Ware: »Ist es gut so?« – »Büp!« – »Gefällt's dir?« – »Büp.« – »Bist du schon fertig?« – »Büp.« Sie kommt mir so nah, dass ich die einzelnen Haare sehen kann, die um ihren Mund wachsen, dann greift sie mit ihren Wurstfingern in meine Hose ... und zieht eine Pfandflasche heraus! Die schmeißt sie in einen Plastiksack neben dem Bett und zieht noch eine Flasche aus meiner Hose und noch eine, und ich merke, wie ich zusammensacke, ruckartig knatternd wie eine Kunststoffflasche, aus der man die Luft heraussaugt ...

Ich schaue hoch. »Was?«

Hat sie was gesagt?

Sie lächelt mich unsicher an. »Na ja, ich dachte ... Du hast so geguckt, und ich hatte das Gefühl, dass ich dich schon mal gesehen hab, also dachte ich, du fährst vielleicht öfter mit der U-Bahn ...?«

Für einen Moment bin ich sprachlos.

Dann sage ich: »Was ... Was ist denn das für 'ne billige Anmache? Glaubst, du bist 'n bisschen freundlich und ich steige mit dir in die Kiste? Dir sind die Polster wohl nicht abgewetzt genug?! Bloß weil dein Vater kein

Heilpraktiker ist, sind wir noch lange nicht füreinander bestimmt! Du bist doch bloß scharf auf das Pfand!«

Damit springe ich auf und stürme aus der Bahn.

Ha, denke ich. Frauen! Alle gleich! Ein Glück, dass ich *die* nicht angesprochen habe …!

Aufzug ins Unbewusste

Ein Aufzug, der rauscht durchs Gedankengebäude.
Im Innern belauscht man sich zankende Leute:
Verstand, Emotion und Erfahrung.
Sie fahren gemeinsam ins Unterbewusstsein,
Zwar geht es um Kleinkram, und dennoch, es *muss* sein –
Problem ist, wie immer, die Paarung.

Denn Partner-Strich-Partnerin sendet Signale –
Man fürchtet, es endet wie all jene Male,
Wo's kurz vor der Bettkante schiefging;
Warum? Weil Verstand meist sich sachlich und kühl zeigt,
Erfahrung ihn anscheißt und dann das Gefühl schweigt –
So steht es zumindest im Briefing.

Nun soll'n sie auf tieferer Eb'ne, in deren
›Abteilung für Innere Ursachen‹ klären,
Weswegen das Liebesspiel Stress weckt.
Verstand ist nicht dumm, plant den Weg durch das Stockwerk,
Gefühl tanzt herum wie 'ne Hexe am Blocksberg,
So lang, bis der Fahrstuhl – rumms – feststeckt.

Da hängen sie zwischen Charakterbereichen,
Erziehungsgeschoss und 'nem Keller voll Leichen
Wie antriebslos über dem Liftschacht.
Gefühl geht die Wand hoch und schlägt an die Türen:
»Befreit mich! Ich kann meinen Körper nicht spüren!«
Dann kriecht's in die Ecke und kifft sacht.

»Lasst mich mal, ich mach das«, ergreift der Verstand gleich
Mit sicherem Sprachbass die Führung im Handstreich
Und forscht nach den logischen Gründen:
Er öffnet Paneele, prüft Drähte und Kabel,
Doch Seelen sind nicht wie 'n Gerät reparabel,
Wie's lange schon Yogis verkünden.

Erfahrung will helfen: »Ich hätt' da 'nen Ratschlag ...«,
Doch wird ignoriert vom Verstand, der die Tat mag
Und schaut, ob 'ne Sicherung durchbrannt'.
Gefühl hat indes die Kabine vernebelt,
Weshalb der Verstand mit Pralinen es knebelt,
Weil Zucker bekanntlich die Furcht bannt.

Da macht es sich nackt, um mit Trällern und Swingen
Nun auch den Verstand um sich selber zu bringen,
Was sinnvoller scheint, als zu zanken.
»Das ist doch jetzt echt nicht die Zeit für 'nen Mindfuck!«,
Befeuert Erfahrung die Angst vor dem Einschlag,
Denn schon fängt der Lift an zu schwanken ...

Kein Vor, kein Zurück mehr, trotz Sprüchen und Eifer,
Es hilft weder Glücksbär noch Psycho-MacGyver,
Die Situation scheint verfahren –
Da löst sich der Lift wie durch magische Hände,
Fährt los und erübrigt das tragische Ende,
Als wollt' er's uns diesmal ersparen.

Im Nachgang beurteilt Verstand das Erlebnis
Von vorneherein bloß als Schmand, als Escape-Quiz –
Verschwendung von Zeit und Ressourcen.
Indes fürs Gefühl glich's 'ner Achterbahnfahrt,
'Nem Trip, so als würd' man vorm Schlachter bewahrt,
Drum gönnt es sich erst mal 'nen Kurzen.

Allein die Erfahrung verzweifelt am Schicksal ...
Sie kennt doch die Abstürze, welche schon x-mal
Zu früherer Stunde geschahen;
Saß tausendfach fest mit Verstand und Gefühl,
Weil alle der drei im Probandengewühl
Den Vierten im Bunde nie sahen:

Den heimlichen Liftboy. Den Nerd, der uns lenkt
Und schriftscheu uns stets zu befördern gedenkt.
Den Fahrgast, den mancher gar blind nennt.
Den Teil, der im Rock eines Pagen bestimmt,
Wann's stockt, wann man neue Etagen erklimmt,
Und den man als ›Inneres Kind‹ kennt.

Die andern drei schrotten noch eher den Fahrstuhl,
Gebärden sich zwischen hysterisch und arschcool,
Anstatt an den Vierten zu glauben.
Doch schaut unser Inneres Kind in die Röhre,
Dann bleiben am Ende ja nur die Monteure
Zum Festzieh'n der lockeren Schrauben ...

Drum gibt's auf dem Weg in die Tiefe zur Heilung
Ein Sich'rungssystem aus der Kindheitsabteilung,
Das plötzlich in Notfällen aufwacht;
Dann baumelt man über dem seelischen Abgrund,
Bis dass wer behutsam ins Spielzimmer tappt und
Dem Inneren Kind 'nen Kakao macht.

Zwar kommt unser Team noch ans Ziel seiner Dienstfahrt,
Ein jeder mit sich sehr zufrieden und grinst smart;
Auch klappt es ganz gut mit der Paarung.
Doch legen die drei schon im Aufzug den Grundstein
Für *noch* einen Ausflug und nicht fürs Gesundsein:
Verstand, Emotion und Erfahrung.

 *Diesen Text anhören:*
https://satyr-verlag.de/audio/ovb_aufzug.mp3

Bekenntnisse eines entscheidungsschwachen Zwangsneurotikers

Eine Zwangsstörung fühlt sich an, als bekäme man permanent Kettenbriefe. Aus seinem eigenen Unterbewusstsein: »Aaargh, kontrollier sofort die Fenster! Und den Herd! Und die Steckdosen! Sonst verlierst du alle Freunde, dein Konto wird gehackt und dein Hamster stirbt!« Ich habe nicht mal einen Hamster. Ich mach's trotzdem. Damit folgen Zwänge der gleichen Logik wie der alte Satz: »Jedes Mal, wenn du da unten rumfummelst, stirbt irgendwo ein Hundewelpe.« Möchte gar nicht wissen, wie viele Hundewelpen ich schon auf dem Gewissen habe. Warum also der Aufwand, um einen Hamster zu retten, den es gar nicht gibt? Weil seine Rettung Entscheidendes verspricht: Kontrolle!

Kontrolle ist die Möhre vor des Eselsschnauze des Zwangsneurotikers. Und schon geht es los: Kopfwackeln, Zucken mit dem Mund oder den Augen, das wiederholte Berühren einer Körperstelle. Ein kaputter Roboter in der Feedbackschleife. Als Zwangsneurotiker mit Entscheidungsschwäche ist man gleich doppelt gefickt: Ständig hat man das Gefühl, das *Richtige* tun zu müssen, kann aber nicht entscheiden, *was* das Richtige ist. Hier hat der Esel mehrere Möhren zur Auswahl. Beim Zähneputzen muss ich immer die *richtige* Zahnpasta nehmen – aber welche ist das? Elmex? Oder Aronal? Colgate? Lacalut? Blendi? Irgendwann sieht meine Zahnbürste aus wie eine Eistüte. Mit fünf Kugeln.

Schlimm wird es auch, wenn sich zwei Zwanghafte begegnen: Bei meiner Exfreundin mussten Handtücher immer *mit dem Schildchen nach vorne* hängen, bei mir zwingend *nach hinten*. Sie wurden mehrmals am Tag heimlich umgedreht ... Und das ist riskant, denn auch die Wiederholung kann Zwang werden, und ehe man sich's versieht, macht man alles dreimal. Und ehe man sich's versieht, macht man alles dreimal. Und ehe man sich's versieht ...

... macht man alles dreimal.

So gesehen ist das Dichten und Reimen, für das ich schwärme, bloß der literarische Arm meiner Zwangsstörung. Meine PLO, eine Pathologisch-Lyrische Obsession. Lyrik ist ja total zwanghaft: Die Sprache wird in ein metrisches Korsett gepresst, und die Enden der Zeilen müssen im Reim auch noch gleich klingen. Dichten suggeriert Kontrolle – es verspricht, Ordnung in die Sprache zu bringen, aufzureimen! Wie Grammatik in geil. Natürlich ist das eine Illusion; nichts ist der Unordnung des Menschen so sehr ausgesetzt wie Sprache. Schließlich leben wir in einer Welt, in der Leute ungestraft Dinge sagen dürfen wie: »Ich geh ma Bier!« In der ein ganzes Gespräch aus Halbsätzen bestehen kann – wie in meiner Heimat Nordrhein-Westfalen ...

Ja, hallo!
Ach! Na?
Ja, ja. So halt. Muss, ne? Und?
Ja, auch, auch. Nee, wenn de nicht ... Dann brauchste gar nicht mehr ...
Ja, das wär ... Nee, da würd'ste am Ende noch ... Wie hier der ... Nä! Der?
Ja, ja. Du, hätt ich auch nicht ...
Na ja, aber, nee, jetzt, wo de ...
Ich sag dir. Aber ... Du? Ne?
Ja! Du auch!
Dann!
Dito!

Es macht mich fertig. Es macht mich fertig, als würde jemand »Für Elise« singen und den letzten Ton weglassen: *Düdl-düdl-dü-dü-dü-dü* – So viele Hundewelpen kann ich gar nicht umbringen! Sprächen einfach alle Menschen in Reimen, gäbe es das Problem gar nicht. Aber das tun sie eben nicht – jedenfalls nicht im Alltag.

Ja, der Alltag. Ich entsinne mich noch des Schocks, als mein Bühnenbuddy Bumillo verkündete, er wolle ab sofort Stand-up-Comedy machen. *Mein* Bumillo? Dieser Spoken-Word-Gott, bei dessen Textopern ich losschreien will, weil ich kaum *aushalte*, dass jemand so dicht in Wortspielen, Reimen und Aphorismen sprechen kann! Der Mann ist Hip-Hop in Prosa! Und *der* macht jetzt Stand-up-Comedy? Das Schmuddelkind unter den Bühnenformen? *Zwang*loses Geplänkel vom Bühnenrand, ja, genau: zwanglos! Und wie überzeugt er war: »Hey, Scharri, ich hab jahrelang Gedichte g'schriam. Aber jetzt, wo i dieses Stand-up entdeckt hab ... Wow, wos des a Potenzial hat, dieses Stand-up, des ist da Wahnsinn!« Für mich war's, als sei Leonardo da Vinci persönlich vor mir erschienen: »Hey, isse habe jahrelang Gemälde gemalte, die Mona Lisa, die Abendmahl ... Aber jetzte, wo ich *Strichmännchen* entdeckt habe ... Ah! Ah!«

Zum Glück hat Bumillo es geschafft, seine Kunst mit der Comedy zu versöhnen. Vielleicht sollte ich das auch. Indem ich diesen Text als Übung nehme gegen meine Zwanghaftigkeit. Denn ich könnte noch viel daran verbessern. Ich könnte ihn *noch* zehnmal überarbeiten. An den Formulierungen feilen, bis er im Druckbild ganz ordentlich aussieht, trotz Flattersatz. Ihn komplett löschen und stattdessen ein Gedicht schreiben – eins, für das man studiert haben muss, um es zu verstehen! Lyrik! Oder ihn einfach so lassen, wie er ist: ungeschliffen, menschlich, zwanglos. So, wie ich im Alltag sprechen würde. Manchmal muss man halt ... Ne?

PS: Wenn ihr immer schon wissen wolltet, was Künstler nach der Show machen: Sie gehen hinter die Bühne und töten ein paar Hundewelpen.

PPS: *Düüm.*

 *Diesen Text anhören:*
https://satyr-verlag.de/audio/ovb_bekenntnisse.mp3

Mein depressiver Drucker

Mein Drucker will nicht drucken
Und wenn, dann geht es schief.
Ich brauch nur kurz zu gucken,
Schon wird er depressiv.

Sobald ich klicke, flennt er
Aufgrund des schnellen Starts.
Er meint, es fehlt Magenta,
Ich sag: »Ich will's in Schwarz!«

Mein Drucker will nicht drucken,
Der Tintenstand sei mau.
Ich geb ihm was zu schlucken –
Jetzt sagt er was von Stau!

Ich greif ihm ins Gekröse,
Ich zerr und operier;
Ich glaub, er ist mir böse:
Jetzt *fehlt* ihm das Papier.

Mein Drucker will nicht drucken,
Ich lege Blätter ein.
Was hat er jetzt zu mucken?
Ich solle netter sein!

Mein Drucker macht Theater,
Ich geb ihn zum Verkauf.
Sein Neuer ist Psychiater –
Jetzt hört er nicht mehr auf ...

Home, smart Home

– *Herzlich willkommen bei der Servicehotline! Wir gratulieren Ihnen zum Kauf Ihres intelligenten Hauses Windows Home von Microloft. Wie kann ich helfen?*
– Ja, hallo? Ich komm nicht rein!
– *Ich habe Sie nicht verstanden. Bitte wiederholen Sie Ihre Anfrage.*
– Ja! Wie komm ich denn wieder ins Haus rein?!
– *Sie haben Probleme mit einem Hausschwein? Antworten Sie bitte mit »Ja« oder »Nein«.*
– Nein!
– *Nein?*
– Ja!
– *Ja?*
– Nein!! Nein, du Horst!
– *Ich habe Sie leider nicht verstanden. Bitte warten Sie, bis ich Sie mit einem Mitarbeiter verbinde ... Willkomm' bei Microloft, mein Name ist Karina, was kann'sch für Sie tun?*
– Ja! Wie komm ich denn wieder rein hier?!
– *Äh, wo möschten Sie'n rein?*

– In das scheiß Haus!

– *Sie mein' Ihre Toilette?*

– Nein, da komm ich grad her! Ins Haus!

– *Ah so, ja, da bräuscht'sch bitte eima' Ihre vierstellige Kundenkennzahl.*

– Was? Ja, wie is' die denn?

– *Das soll'n Sie mir doch sagen?*

– Ich hab die doch nich'!

– *Doch, wenn Sie in ein' Windows Home wohn', hab'n Sie sisch in der Nachbarschaft registriert und ein' Nutzeraccount angelegt.*

– Ach so, ja ... Was bringt denn das?

– *Da werd'n Ihre persönlichen Einstellung' gespeischert: Lischt, Einrischtung, Temperatur ... Und wenn Sie dann in ein' Windows Home Urlaub machen, könn' Sie es dort genauso konfigurier'n wie bei sisch zu Hause.*

– *Wer* will denn das?! Hier bleibt ja so schon nichts stehen! Wenn ich die Möbel umstell, ist am nächsten Tag alles wieder wie vorher!

– *Und mit Ihrer Kundenkennzahl kann'sch nachschau'n, warum.*

– Ja, ist ja gut, ich hab sie ... Äh, eins! Zwei! Drei! Fünf!

– *Ah ja. Also, hier seh'sch aber, dass Sie nur ein' Gastzugang hab'n?*

– Wen hab ich zu Gast?!

– *Nein, Sie hab'n ein' Gastzugang.*

– Ach so, ja! Weil ich doch nicht mehr draußen schlafen wollte!

– *Äh ... Wieso schlaf'n Sie draußen?*

– Na, weil doch die Tür den Dings nicht erkennt, den Finger! Und dann war das Passwort falsch!

– *Ja, wenn Sie das Passwort falsch eingeb'n, wird das Haus zu Ihrer Sicherheit 24 Stunden gesperrt.*
– Danke, das weiß ich! Darum hat der ja den Zugang angelegt, hier der, der Edwin!
– *Sie mein' den Admin?*
– Wer? Ist das der, der bei mir zu Gast ist? Hat der etwa die Tür zugesperrt?!
– *Nein, der Admin is' Ihr persön'ischer Hausmeister.*
– Ja, und was hat der mit den Möbeln zu tun?
– *Na weil, wenn Sie nur ein' Gastzugang hab'n, hab'n Sie nisch die Bereschtigung, Möbel dauerhaft umzustell'n.*
– Ach! Aber die Handwerker oder wie?
– *Welsche Handwerker?*
– Na, die Hansel, die ständig ungefragt vorbeikommen und neue Regale einbauen!
– *Ach so, ja, nein … Mit ein' Windows Home hab'n Sie Anspruch auf solsche automatischen Updates. Weg'n der Sischerheitslücken im Haus.*
– Sicherheitslücken?! Soll ich etwa die Regale davorschieben? Kein Wunder, dass hier jeder reinkommt! Die sollten lieber mal die Kacheln wegmachen! Überall Kacheln! Braucht kein Mensch, so viele Kacheln!
– *Doch, die Kacheln gehör'n zum funktionalen Design von …*
– Das mir egal! Was meinen Sie denn, wie's hier aussieht? Die räumen ihren Bauschutt ja nicht weg! Die tun den hoch, aufn Speicher! Ist schon total zugemüllt da oben!
– *Wenn Sie möschten, kann isch Ihn' gern eine Speischererweiterung anbiet'n …?*
– Unsinn! Platz hab ich genug! Nur zu viel Müll! Im Keller auch! Alles voller Ordner mit komischen Namen! Alle leer! Hab ich entsorgt!

- *Wie bitte? Aber die Ordner braucht das Haus, um Sie rischtig zu versorg'n? Hier, zu 'n Beispiel, hat es festgestellt, dass Sie sehr häufisch flüssig'n Stuhlgang hab'n und ...*
- Flüssigen Stuhlgang?! Hören Sie mal, ich hab Reste ins Klo gekippt, weil der Kühlschrank abgetaut war!
- *Ach so, ja, aber wenn Sie nur ein' Gastzugang hab'n, dann geht das Haus nachts natü'lisch in den Ruhezustand ...*
- Ach, deshalb tut wohl auch die Klospülung nicht? Und das nennen Sie versorgen?!
- *Na ja, das Haus hat Ihn' immerhin gleich Aktivkohle bestellt ...*
- Ja, dreihundert Schachteln! Mit denen hab ich die Ordner verbrannt! Machen Sie jetzt endlich auf! Ich steh hier mitten in der Nacht im Garten, wo ich auf Klo war, und die Nachbarhäuser rufen schon wieder die Polizei!
- *Ach so, ja, äh, dann hab isch, glaub isch, gute Na'rischten für Sie: Sie brauch'n sisch nisch' länger mit Ihr'n Windows Home rumärgern.*
- Ach ja? Weil Sie mir endlich aufmachen?
- *Nein, weil der Support ausgelauf'n is'. Sie müssten bitte in ein aktuelleres Haus umzieh'n.*

 *Diesen Text anhören:*
https://satyr-verlag.de/audio/ovb_home.mp3

Der Spinner aus dem WWW

Was ist der Mensch verträumt und schlicht!
Er sieht den Wald vor Bäumen nicht,
Und dabei ist, was sichtbar oben,
Drunt' im Boden dicht verwoben:

Wurzelwerk verfilzt fidel,
Verschmilzt zum Netz mit Pilzmyzel,
Das dann, obskur wie Böhmens Dörfer,
Stamm um Stamm durchströmt wie Server,

Bis in diesem Pflanzenganzen
Täglich mehr Substanzen tanzen,
Als es das zur Brutzeit gäb' –
Drum heißt es auch das *Wood Wide Web*.

Dort wohnt im Altbaum (Stammgeschoss)
Die Schwarze Witwe samt dem Spross
Auf Ärzterat, denn nebst Prothesen
Quält sie die Phobie vor Besen.

Männer geh'n ihr auf den Geist,
Weshalb sie meist sie dreist verspeist;
Allein ihr Sohn zog mit aufs Land
Ins Maisonnetz aus achter Hand.

Doch dieser, unentwegt geneckt
Als »Spinnentier« und »Fake-Insekt«,
Das Fäden zög' aus seinem Darm,
Ist *nicht* direkt ein Mückenschwarm.

Weshalb er sich ganz zeitgemäß
Zurückzieht in den *Spiderspace*:
Für jedes Selfie grinst er stramm
Im *Facebush* und bei *Ginstergram*,

Und wenn er Moves auf *Stikstok* teilt,
Weil 'n Achtbein krass fett Gangnam-stylt,
Dann geht er ab und ist dabei
Für solch ein Spinnchen ziemlich *fly* ...

Nur Mutter nervt ihn mit Geschwätz:
»Du hängst den ganzen Tag im Netz!
Der echte Wald sieht anders aus!« –
»Ach, spar mir halt dein Mantra! Raus!«

Doch ohne Medienkompetenz
Erlebt der ach so fromme Stenz
Alsbald im Sumpf floraler Netze
Alter weißer Maden Hetze:

»Bienen! Leben wie Matronen,
Knechten ihre eig'nen Drohnen
Und verzehr'n den Nektar pressfrisch –
Ja, die sind doch alle wespisch!

Schwarz-und-gelber Farbenglanz
Gleich Untergang des Schabenlands!«
Wogegen, zum *Wokekon* verschnürt,
'Ne Larve scharfe Worte führt:

»Zu Drohnen sagt man dank der Striche
Farb-diverse Bieneriche –
Also, wollt ihr Herrn kein' Trouble,
Kommt aus eurer Bernstein-Bubble!«

Darauf bricht im Staat vor Graus
Statt *Shit*- ein *Glyphosatstorm* aus:
Die Falter fordern: »Schluss mit *Framing*!«,
Hummeln haten's *Bodyshaming*,

Und Getwittertiere keifen:
»Freiheit für die Quergestreiften!«
'Ne Bewegung wächst im Nu,
Die flink viral geht als *BeeToo*.

Der Spinner liest in einem Holzblog,
Wie man, schwarz und gelb wie 'n Zollstock,
Für die Solidarität
'Nen Bienen-Rolli gar sich näht.

Jedoch sein Beitrag wird verwehrt:
Für ihn als Fressfeind sei's verkehrt,
Sich kulturell, wenngleich zum Streik, 'nen
Bienenlook so anzueignen!

Traurig treibt sein wunder Stolz
Den Spinner quer durchs Unterholz
Zum Festplatz, wo wie's Strafgericht
Am Rednerpult die Larve spricht:

»So boykottiert«, krakeelt der Schreier,
»Den Verlag von *Biene Maja*,
Weil er uns mit Tücke hänselt –
Heute wird zurückgecancelt!«

Schaudernd ob der Schmähtiraden,
Sieht der Spinner jäh 'nen Faden,
Zieht und zupft ganz unbedarft
Und hat die Larve, schwupp, ent-larvt ...

Denn immer, wenn Verschwörungsmythen
Argwohn und Empörung brüten,
Kommt wer, der im Nu gewollt
Den ganzen Mist zu Kugeln rollt:

Ein Käfaschist, ein Krittler wie
Der *Anophthalmus hitleri* –
Ein Kerf mit kurzen Stielantennen,
Den sie schlicht »den Fühler« nennen.

Dieser Parasitengauner
Kommt in jeder dritten Fauna
Aller Biotope vor,
Sitzt gut getarnt als Floh im Ohr

Und legt sein Ei wie 'n Kuckucksklan
In Trumpeltier und Putinhahn;
Ja selbst im Körper linker Zecken
Kann der Kerf sich flink verstecken ...

»Friss ihn!«, drängt vor Ungeduld
Der Mob den Spinner dort am Pult,
Doch der verjagt den Kerf durchs Holz –
Auch Spinnen haben ihren Stolz.

Die Sorge, was sie sich erzählen
In *Libellegram*-Kanälen,
Dürft' extrem berechtigt sein –
Liegt's einzig an der Technik? Nein.

Verbreiten unsre Massennetze
Liebe oder Hass und Hetze,
Das entscheiden nicht die Weben,
Sondern jene, die dran kleben.

Und verwischen schlechterdings
Die Grenzen zwischen Rechts und Links,
Dann bleibt als Einz'ges, das sie scheidet:
Was man tut und was man meidet.

Manche planen explizit
Im Stillen den *Insektizid*,
Da sollten die, die Kante zeigen,
Tunlichst zu was andrem neigen.

Also kauft nach Streikfinale
In der Buchenzweigfiliale
Sich der Spinner *Biene Maja*,
Liest's und fühlt sich noch viel *flyer*.

In der Kühle unter Bäumen,
Wo Gefühle munter schäumen,
Wenn es hashtaggt, trollt und milft,
Da gilt im Zweifel: Lesen hilft.

 *Diesen Text anhören:*
https://satyr-verlag.de/audio/ovb_spinner.mp3

Der Panther 2.0

Sein Klick ist vom Vorübergeh'n der Infos
So matt geworden, dass er nichts mehr likt.
Ihm ist, als wären tausend Windows sinnlos
Und in den tausend Windows nichts gezeigt.

Der weiche Gang geschmeidiger Gedanken,
Der sich zum allerkleinsten Tunnel webt,
Ist Relevanz-verwöhnte Geisteskraft in Schranken,
Die wie betäubt auf rosa Wolle schwebt.

Nur manchmal schiebt der Filter seiner Blase
Sich ganz kurz auf – Dann geht was Neues rein,
Fährt durch den Sehnerv, kitzelt in der Nase
Und hört im Niesen auf zu sein.

Scheiß Buch
Eine Unterhaltung zweier alter Männer im Jahr 2070

– Ey, Alda.

– *Alda, 's geht?*

– Yo, korrekt.

– *Ey, 's los? Siehst voll gefrustet aus?*

– Ah Scheiße, Alda, das is wegen mein Enkel. Immer wenn isch dem seh, is der so mit seim Ding am Rumtun, seim Wie-heißt-das?

– *Was meinstu?*

– Ja, weiß isch, was die alle hab'n heute.

– *Smartphone meinstu?*

– Bullshit, Digga, hab isch selber. Isch mein diese neuen Dinger, wo gibt. Wie heißt? Bitch ... Bach ...

– *Meinstu Buch?*

– Ja genau, Buch! Ey! Ständisch is der mit Buch in der Hand am Drinlesen!

– *Ja und? Is überall so.*

– Ey, sogar wenn isch Bus bin!

– *Klar, Digga. Wenn isch Training fahr, alle Kids ham Buch in der Hand, alle! Fängt schon bei klein an – sechs, sieben Jahre ... Nur lesen, lesen, ganze Zeit.*

- Ey, isch denk, was 's kaputt bei die Mudda von den? Gebt ihren Kind so früh so 'n Scheiß – ey, was soll aus den werden? Da wirst du doch voll spakko!
- *Darum reden die ja auch so, die Kids. Da verstehst du kein Wort, bei dem ihr sein Sprach, ne?*
- Ja, weil die kennt gar keine rischtige Wörter mehr. »Geil« oder »fett« oder so. Ey, bei mein Enkel is immer alles gleisch »trefflich« ...
- *Alda, isch sag dir: Deutsche Sprach geht voll am Arsch!*
- Oder »yolo« – glaubst du, einer von dem sagt korrekt »yolo«? Ey, weißtu, was die Schlampe von mein Enkel sagt anstatt?
- *Ey was?*
- Äh ... »Car-pe di-em« ...
- *Aaalda, leck misch fett!*
- Ja, ischwör.
- *Ey, pass auf, pass auf! Mein Enkelin neulisch, ne? Wo nisch verstanden hat, was isch sage, sagt so: »Wie bitte?« »Wie bitte«! Sagt die zu mir!*
- Voll krass.
- *Isch so: »Kollege, willst du auf Maul? Wie heißt das?« Sie so: »Ey, reg disch ab.« Isch so: »Okay, grade Kurve gekriegt, ne?«*
- Ey, »wie bitte«! Wenn mein Enkel mit so was daherkäme!
- *Äh ... daher-was?*
- Daherkäme. Also nein, isch mein, daherkommen täte.
- *Ah, isch wollt schon sagen ... Was redst du auf eima auch so Buch-schwul?*
- Ja Scheiße, Mann, hat mir mein Tochter halt so Buch geschenkt.

– *Kein Scheiß, Alda?!*
– Ja, doch. Und wenn du eima anfängst, ne? Wenn du ein so Buch hast ... kommstu nisch mehr weg! Brauchstu immer mehr Buch!
– *Hä, was? Wozu?*
– Ja, weiß isch? Erst kaufstu einem Buch und dann noch einem ... Dann gibt Fortsetzung ... Dann brauchstu Wörterbuch, sonst verstehstu nisch ... Und gibt immer verschiedene: Sachbuch ... Gedischtband ... Roman ... Wo isch denk: Alda! Wann könn die sisch endlisch auf ein Format einigen?
– *Ja, das is voll Absischt vom Industrie! Dass die nie in ein Buch alles reinschreiben. Weil, da musst du weiter updaten!*
– Aber wird immer komplizierter. Wo soll isch wissen, is das Gedischtband, is das Sachbuch? Was is kompatibel zu den, wo isch schon habe?
– *Ja, so zieh'n die den Kids der Geld aus der Tasche raus, ne? Mein Enkelin hat ganze Regal voll – nur Buch, ischwör!*
– Und isch? Wie soll isch in mein Alter das alles abchecken?
– *Ey, kannstu vergessen, Digga. Mein Sohn, wenn der nach Hause kommt, hockt gleisch vor Buch. Stundenlang. Nisch anspreschbar. Isch sag dir: Der hat konkret AÜKS!*
– Was hat der?
– *Ach, weiß isch ... Aufmerksamkeits-Überschuss-Konzentrations-Syndrom, so.*
– Mann, für so Buchscheiß bin isch zu alt! Bis isch verstanden hab, worum geht, hat mein Sohn ganze Regal fertig.
– *Yo, Alda, wir sind voll abgemeldet. Yolo.*

– Yolo. Und alles da wegen scheiß Buch.
– *Ja Mann, Alda. Scheiß Buch!*
– Yo. Morgen gleiche Zeit?
– *Geht klar, Alda.*
– Okay, hau rein. Isch logg misch aus.

 *Diesen Text anhören:*
https://satyr-verlag.de/audio/ovb_buch.mp3

Science-Fiction-Geschichte
(K)eine Hommage an Andreas Brandhorst

Zur Bestimmung des Titels zwei zufällige Ziffern zwischen 0 und 9 wählen und in der unten stehenden Tabelle nachschlagen:

Der/Die/Das

0	Semiramis	Direktive
1	Enzephalon	Anomalie
2	Pandora	Enigma
3	Andromeda	Doktrin
4	Omikron	Kooperative
5	Paracelsus	Paradoxon
6	Utopia	Kaskade
7	Gammatron	Experiment
8	Primordial	Initiative
9	Einstein	Puzzle

Besorgt blickte Elijis von Tyrrh auf sein OmniView. Er war ein Jundha, ein hochdekorierter Berlinquo der Dritten Variade von Simmatron – aber was nützte ihm das jetzt? Eine Silhouette hatte sich vor Selchis geschoben, den siebenten Mond von Xantha, in dessen Gravitationsschatten er sein HydroPod geparkt hatte. Das sparte Fluitamin.

Mit bebendem Saugnapf schoss er sich eine Dosis Styro in den Ventikularschacht, bis sich sein Kiemensack spannte. Die Bläschen auf der milchigen Sagittalmembran zeugten von der hohen CV3-Konzentration. Natürlich war rotes Styro mitrobunschwächer als die weiße Variante. Dafür hielt das Emotroptikon länger an. Länger jedenfalls als bei Gnahh oder schieferhaltigem Vinsel.

Er seufzte feucht. Das war schon besser.

Dann aktivierte er den Neuralmatrikulator, beugte sich vor und epolamierte. Doch ohne Erfolg.

Schmurd! Die Silhouette kam immer näher. Aber so quadropoziert, wie er war, konnte er die Heliophonbarriere des Mondes nicht umgehen. Er reondolierte sein HiPh-Implantat, um einen Brainwave-Channel zu öffnen, aber das fremde Raumschiff schien ihn zu juicen! Dann konnten es nur A-Udi sein. Nur das Gel-Kollektiv besaß die nötigen Mandalasubstrate, um den Parametrischen Raum abzuriegeln!

Ein verzweifelter Gedanke durchzuckte sein ArtiZerebrum: Immerhin besaß er noch das Subtragophon, das er den Nyptischen Well'Schirden auf Besatika Prime abgeluchst hatte ... Sollte er es einsetzen?

Er biss sich auf die Besanrinde. Es bestand die Chance, dass die Yoris-Partikel die Blockade im Parametrischen Raum durchbrechen würden ... Aber das Risiko einer Spektralkaskade war hoch. Zu hoch. Elijis bekam kalte

Frontalpods. Er hatte von einem Tavonier gehört, der während der Vistischen Mönchskriege ein Subtragophon in der Nähe einer Livingston-Sphäre gezündet hatte. Man hatte seine Hirnrüssel nie gefunden ...

Plötzlich summte sein HiPh-Implantat. Er fuhr zusammen und fegte instinktiv das restliche Styro vom Hapto-Pult. Wenn ihn die Hermitoren des Rentab-Konsortiums damit erwischten, konnte er sein ReproZellular-Stipendium im Moehne-Cluster vergessen! Oder er wanderte direkt in eine Gürtelmine – für mindestens zwölf Standardzyklen!

Doch was auf dem ExtroScreen erschien, war kein Hermitor, sondern ein Menuti – ein ausgewachsenes Weibchen, das mit seinem fragilen Rektalstabilisator aussah wie ein liborischer Schnöde. Es blähte seine fünf Nasenaugen und farnte:

»Herr Brandhorst? Herr Braaandhooorst! Hallo? Können Sie mich hören? Sie hab'n wieder alles vollgekritzelt, das Bettzeug und die Wände! Haben wir unsere Tabletten nicht genommen? Ja, ganz ruhig. Es gibt jetzt einen kleinen Piks, und dann wird alles gut. So, das war's schon. Willkommen zurück auf der Erde ...«

»Schmurd!«, fuhr es Elijis durch die Köpfe, als sich der Vorhang des Bewusstseins langsam schloss. »Ich hätte es wissen müssen: Man darf einem Menuti nicht vertrauen! Vor allem dann nicht, wenn er einen Rektalstabilisator trägt ...«

Ulf

Als ich Ulf zum ersten Mal traf, war er gerade bei mir eingezogen. Was mich schon überrascht hat. Aber ich wusste auch nicht unbedingt, dass ein Zimmer frei wird. Also natürlich *wusste* ich es. Nur nicht so genau. Auf den Tag. Mehr so allgemein. Bleibt eben keiner für immer in einer WG. Weiß man ja. Stimmt schon, ich hätte mich informieren müssen. Und mein Exmitbewohner hat's ja auch angekündigt. Gut, vielleicht nicht so deutlich. Aber *gemeint* hat er's. Und ich hab's ja dann spätestens von Ulf erfahren.

Ist auch nicht so, als wär ich damit unzufrieden. Klar ist man mal verschiedener Meinung. Kann ja nicht immer ein Herz und eine Seele sein. Hat eben seine Macken, der Ulf. Also nicht übermäßig oder so. Hab ich schließlich auch. Und ist ja nicht so, als würd er die WG-Regeln missachten. Also gezielt. Muss man sich erst dran gewöhnen. Ans Geschirrabwaschen. Macht Ulf ja. Nicht immer gleich nach dem Essen, klar. Aber verlangt auch keiner. Gut, kann sein, dass es mal was länger steht.

Vergisst man ja leicht. So wie das Toilettenspülen. Sauberkeitsempfinden ist halt was sehr Subjektives. Aber am Ende macht er's immer. Oder er hilft zumindest. Na ja, helfen ... Aber er sagt immer Bescheid, wenn man irgendwas gar nicht mehr benutzen kann.

Schlimmer wär's, wenn er rauchte. Macht er ja nicht. Also, nicht regelmäßig. Klar, er raucht schon mal eine, aber er *raucht* nicht. Nicht *so.* Zwischendurch vielleicht, zu den Mahlzeiten. Nach dem Aufstehen. Oder vorm Schlafen. Vielleicht auch auf der Toilette, ja, aber nicht mehr als ein paar am Tag. Ein Päckchen vielleicht. Zigarren zählen ja eh nicht.

Er trinkt ja auch nicht. Also 'ne Flasche hier und da. Oder den Schnaps nach dem Essen. Aber das ist ja nicht *Trinken.* Den braucht er für die Verdauung, sagt er. Nicht, dass er Probleme mit der Verdauung hätte. Nee, hat er nicht. Gut, er verdaut manchmal ein bisschen schwer. Intensiv. Heftig halt. Danach würd ich auch nicht die Toilette spülen wollen. Aber ist jetzt nicht dauernd oder so. Paarmal. Im Monat. Vielleicht auch die Woche. Kann auch am Tag sein. Aber nicht mehr als ... Na ja, eigentlich schon jedes Mal, aber nur wenn er vorher was gegessen hat. Sonst nicht.

Nachts zum Beispiel nicht. Im Schlaf. Außer wenn er schlecht träumt. Aber das ist die Ausnahme. Ich meine, der Ulf träumt ja nicht schlecht. Nicht in dem Sinn. Nur das Übliche. Irgendwo runterfallen. Aber nicht wirklich *schlecht.* Ist auch nicht so, als würde ich das immer mitbekommen. Dass er nachts rumbrüllt. Oder was gegen die Wand schmeißt. Macht er ja nicht. Also nichts, was Schaden anrichten könnte. Scharfkantige Gegenstände.

Messer oder so. Höchstens mal eins. Kann auch eins mehr sein. Aber dafür hat er schließlich die Zielscheibe an der Wand. Und die trifft er ja auch. Meistens.

Stört mich aber nicht beim Schlafen oder so. Hör ich ja gar nicht. Was man halt so hören nennt. Ganz selten mal. Wenn seine *Sepultura*-CD durchgelaufen ist. Oder wenn er eins seiner Tiere trifft. Aber er hat ja kaum welche. Also, 'ne Handvoll. Vielleicht auch ein paar mehr. Keine ausgefallenen. Ist nicht so, als hätte er jetzt Schlangen oder so. Okay, die sehen schon so aus. Sind aber keine. Sind Trockenaale, sagt er. Die werden auch nicht so groß. Bisschen größer als andere. Aber nicht *groß*. Paar Zentimeter. Achtzig, neunzig ... Einen Meter, wenn's hochkommt. Lass es zwei oder drei sein.

Ich meine, solang sie zahm sind. Sind sie ja. Also, fast alle. Heißt nicht, dass die gleich beißen. Sind ganz brave Tiere. Vielleicht mal schlecht drauf. Einen schlechten Tag hat jeder mal. Auch Tiere. Hätte ich auch, wenn mir einer auf den Schwanz tritt. Aber macht ja keiner. Aus Versehen vielleicht. Aber nicht um sie auf mich anzusetzen. Macht der Ulf ja nicht. Wäre doch albern. Jedenfalls nicht, wenn er allein ist. Nicht, dass ich was gegen seine Freunde sagen will. Dafür sehe ich die viel zu selten. Am Anfang jedenfalls. Klar, die kommen schon öfter zu Besuch, als ich das kenne. Vielleicht bleiben sie auch mal über Nacht. Kann auch zweimal sein. Aber ist nicht so, als würden die bei ihm wohnen. Oder bei mir. Gut, vielleicht mal für einen Tag. Und solange ich dann nicht im Hausflur pennen muss ... Die werfen mich ja nicht raus. Also, nicht jedes Mal. Das mit dem Schlüssel war ja ein Versehen. Normalerweise lassen sie mich auch wieder rein. Nach 'ner gewissen Zeit. Wenn sie mich hören. Falls sie nicht gerade Frauen dahaben. Aber haben sie ja nicht. Gut, das eine Mal. Die machen ja auch nicht irgendwelche Orgien da. Nichts Anrüchiges. Die tun nur so. Als Gag. Ist nicht so, als wären die in irgendeiner Sekte oder so. Die opfern ja auch keine Tiere. Also jedenfalls keine vom Ulf. Und mein Hamster war ja auch schon alt. Für den war das besser so. War letzten Endes ein Unfall. Auch wenn ich nicht verstanden habe, wie der Ulf genau mit dem Hamster in den Rachen von seinem Trockenaal gestolpert sein will.

Nicht, dass ich ihm was unterstellen wollte. Ich bin auch nicht sauer. Ein bisschen traurig vielleicht. Aber nicht nachtragend oder so. Ich bin auch nicht der Typ, der hingeht und sich rächt. Der dem Ulf Abführmittel in die Schnapsflasche kippt. Oder Spiritus in die Toilette. Mach ich ja nicht. Ich schließe auch nicht nachts heimlich die Käfige auf und lass die Tiere in die Schlafsäcke seiner Besucher kriechen. Und trete dann noch schön feste auf ihren Schwanz. Käme ich gar nicht auf die Idee. Und erst recht – erst recht schließe ich das Zimmer nicht hinterher ab und werfe den Schlüssel in die Toilette. Im Leben nicht. Die ist ja gar nicht gespült. Hätte ich auch keinen Anlass zu. Denn wie gesagt, wir verstehen uns richtig gut. Der Ulf und ich.

Elfte Etage

In meiner Zeit als Zivildienstleistender für Essen auf Rädern bin ich sensibel geworden für Fassaden. Im Alltag denkt man wenig darüber nach, welche Lebensgeschichten sie ver- und beherbergen. Es ist ein bisschen wie mit dem blauen Himmel, der uns die Dimensionen des Universums ausblenden lässt wie ein schützendes Rollo.

Ein Universum für sich lag auch auf meiner Essenstour: ein Mietshaus, das ausschließlich von alten Leuten bewohnt war. Von außen betrachtet schien es nur aus Fensterrahmen zu bestehen, in denen ihre Silhouetten hockten wie Ölgemälde an einer Museumswand. Ansonsten besaß der Bau die Ästhetik eines Bunkers, vermutlich damit sich die Senioren an ihre Jugend erinnert fühlten. Schon rein rechnerisch ergaben die hier versammelten Lebensjahre ein tausendjähriges Reich.

Im Erdgeschoss bekam Frau Kühnel Diabetikerkost. Ein schmächtiges Geschöpf, fast blind, obwohl sie zwei Fensterscheiben aus Panzerglas auf der Nase spazieren trug.

»Hören Sie es? Der Tag wird kommen.«

Das sagte sie ständig, und weil sie nie erklärte, welchen Tag sie meinte, behielt sie irgendwie auch immer recht. Sie trank zu wenig, und der Flüssigkeitsmangel kleidete ihre Wirklichkeit in farbenfrohe Abenteuervisionen. Einmal hatte sie mich mit gepackten Koffern empfangen, weil sie vom CIA nach Argentinien beordert worden war.

Dass etwas zu hören war, merkte ich erst bei Frau Kraut. Erster Stock, Vollkost, doppelte Portion. Nicht nur das Essen. Sie war so beleibt, dass sie angeblich noch nie eine der oberen Etagen besucht hatte. Das war nicht verwunderlich, denn sie hatte die Wohnung nicht verlassen, seit ihr Mann in der Kriegsgefangenschaft geblieben war. Man stellte das Essen vor ihre Tür, und wenn man von ganz oben zurückkam, lagen die Aluschalen bereits sauber ausgeleckt wieder da.

»Machen Sie da so Krach?«, wollte sie wissen. Ihr teigiges Gesicht lugte durch den Türspalt und mahlte mit den Kiefern.

»Ich bringe das Essen«, sagte ich. »Kann ich Ihnen das so geben?«

Ihre Kiefer mahlten.

»Ich hab nix an.«

Es entstand eine Pause, in der ich den ICE meiner Fantasie mit Funken sprühender Bremse zum Nothalten zwang. Die Legende erzählte von einem Zivikollegen, der sie nackt überrascht hatte, als sie sich einen Drahtkleiderbügel einführte, um einen Pilz zu entfernen. Er hatte psychologisch betreut werden müssen und wurde immer noch hysterisch, sobald das Wort »Kleiderbügel« fiel.

»Ist gut, ich stell's hin«, meinte ich und eilte weiter.

Dritter Stock. Herr Schrotmöller. Galle-Leber-Schonkost. Er wurde schlicht Schrotmöller! genannt, weil er in der Wehrmacht gedient hatte. Darum war »Wehrmacht« auch sein Lieblingswort: »Wer macht'n hier so Krach?!« oder »Wer macht hier immer Licht an?!« waren gängige Phrasen. Jedes Mal zeigte er mir seine Küche, die mit Bildern verflossener Dackel tapeziert war.

»Das ist aber ein Mops oder ein Chihuahua«, sagte ich einmal beim Anblick eines besonders glubschäugigen Exemplars.

»Das ist meine Frau.«

Darauf sagte ich nichts mehr.

»Die war auch bei der ...«

»Wer macht denn so was?«, sagte ich und er nickte, ich nickte auch, dann hörten wir auf, er nickte noch ein bisschen und dann war es gut.

Heute hallte sein Gebell jedoch weit über mir durch den Hausflur, auf Höhe der elften Etage. Dort wohnte sein erklärter Erzfeind, ein alter Linker: Herr Licht. Vegetarisch. Er litt unter chronischem Schlafmangel, weil er jede Nacht aus dem Bett geklingelt wurde. Mehrfach hatte ich ihm geraten, nicht nur seinen Nachnamen aufs Klingelschild zu schreiben. »Darauf warten die doch!«, keifte er dann. Und so stand dort einfach nur »Licht«.

Als ich die elfte Etage im Aufzug erreichte, fand ich mich hinter einem umgekippten Sofa wieder. Das Etagenplateau war zur Treppe hin abgeriegelt mit Kommoden, Schränken und Matratzen, hinter denen sich Herr Licht mit einigen Genossen verschanzt hatte. An den Lift schien keiner gedacht zu haben.

»Wer macht denn hier den Müll in den Gang?!«, hörte man Schrotmöller! jenseits des Bollwerks. »Ich ruf meinen Neffen, der ist beim Verfassungsschutz!«

»Der macht mir keine Angst!«, schrie Licht zurück. »Ich war in Sibirien im Arbeitslager!«

»Ich auch«, rief der alte Fjodorow aus der Menge.

»Ja, aber als Aufseher!«

»Na und?«

Licht schwenkte eine rote Wärmflasche und krakeelte: »Dieses Stockwerk ist besetzt!«

»Das dürfen Sie gar nicht!«, schrie Schrotmöller! zurück.

»Wer sagt das?!«

»Die Hausordnung!«

»Pah! Wir erklären unsere Unabhängigkeit! Es lebe die Freie Sozialistische Republik Elfte Etage!«

Unwillkürlich musste ich an das Bild des Ostberliner Soldaten denken, der am Tag des Mauerbaus über die Absperrung flieht, und für einen Augenblick war ich versucht, das Gleiche zu tun: neu anfangen, einen eigenen Staat aufbauen, mit ausschließlich alten Leuten – eine Deutsche Demografische Republik. Auferstandene Ruinen und mittendrin ich als einziger junger Mensch, der die Belagerten per Lift-Brücke unterstützte. Dann dachte ich: »Kleiderbügel.«

»Eindringling!«, hallte es durch den Flur.

Einer der Hausbesetzer hatte mich entdeckt. Eine Krücke segelte auf mich zu, und aus Selbstschutz schleuderte ich ihm den vegetarischen Topfenpalatschinken entgegen. Der Mann ging zu Boden in einer Pfütze aus Quark und Pfirsichpüree.

»Gut so, junger Mann, Sie sind bewaffnet!«, jubelte Schrotmöller!.

Ich muss zugeben, dass der Topfenpalatschinken in den falschen Händen eine fürchterliche Waffe darstellte, obwohl ihr Einsatz wahrscheinlich durch die Genfer Konvention geächtet war.

»Der gehört zu uns!«, protestierte Licht. Ehe ich reagieren konnte, hatte er den Gemüsepfannkuchen mit Pfannengemüse aus meiner Thermobox gerissen und über die Barrikade geschmissen.

»Wer macht denn so was?!«, krähte Schrotmöller!. »Los, Kameraden, holen wir das Stockwerk heim ins, äh ... Heim!«

Und binnen Sekunden war die Luft erfüllt vom Krautfeuer weißer Bohnen, von Schmandgranaten und Bonduelle-Schrapnell.

Da plötzlich ging ein Wummern durchs Treppenhaus.

Wummmm ... Die Kunstmarmorplatten vibrierten.

Wummmm ... Staub rieselte von der Decke.

Wummmm ... In den Wassergläsern, die zur Zahnprothesenablage auf den Nachttischen standen, schlug die Flüssigkeit konzentrische Kreise.

»Die Kraut!«, waren erste Rufe zu hören. »Die Kraut kommt!«

Wummmm ... Unter Schnaufen schob Frau Kraut ihren massigen Leib die Treppen hinauf wie eine Lawine, die sich in der Richtung vertan hat.

»Wer macht denn hier so Krach?«, schnaubte sie.

»Meine Rede«, nickte Schrotmöller!.

Herr Licht reckte den Hals und gefror. »Ruth, mein Täubchen?«

Die Zeit blieb stehen.

»Helmi?«, flüsterte die Kraut.

Es war ein Happy End, bei dem sich Kai Pflaume vor Rührung vom Dachfirst geschmissen hätte. Schluchzend hielt die Kraut den letzten Kriegsheimkehrer in den Armen, der vierzig Jahre lang unerkannt über ihr im gleichen Haus gelebt hatte.

»Im Ernst?«, sagte ich zu Frau Kühnel. »Die Kraut und Herr Licht? Nee, glaub ich nicht.«

»Der Tag wird kommen«, nickte sie, indem sie mich bedeutungsschwanger aneulte.

Was für eine unwahrscheinliche Geschichte einer wunderlichen Alten. Aber wahrscheinlich blieb einem in diesem Bunker keine andere Wahl. Wie sollte man nicht wunderlich werden, wenn sich das Leben Tag für Tag in einem Fensterrahmen abspielte, hinter dessen trüber Scheibe es nichts weiter zu sehen gab als Vergangenheit.

Der kleine Mob

Fernab der Kluft von Gut und Bös,
In ganz alltäglichen Milieus
Aus Satellitenschüsselwäldern,
Abgeschloss'nen Müllbehältern,

Klebevogelsilhouetten,
Stadtteilfest mit Grillbuletten,
Bunt bestrickten Parkplatzpollern,
Helmpflicht auf Elektrorollern,

Um die Schaukeln heller Sand,
Wo Siedlungs- meist auch Tellerrand,
Da lebt in manchem Hinterkopp
Ein Parasit: der kleine Mob.

Zwar zeigt sein Wirt sich kunterbunt,
Doch hockt der Mob im Untergrund,
Am Abgrund der Persönlichkeit,
Gekuschelt in Gewöhnlichkeit.

Er schlummert wie 'n gechillter Hase
Wohlig in der Filterblase,
Nährt sich in Gerüchteküchen
An Klischees und flücht'gen Sprüchen.

Wahrheit läg' wie Flint im Magen,
Hieß' ja, sich zu hinterfragen,
Statt wie einst in Wintertagen
Seine Feinde blind verjagen:

Hexen, Heiden, Ketzer, Christen,
Schwarze, Schwule, Kommunisten,
Indigene, Flüchtlingsströmchen,
Hier und da noch ein Pogrömchen …

Es genügt schon *ein* Verdacht,
Auf dass mit Macht der Mob erwacht.
Doch, ach, in diesen harten Zeiten
Zeigt er nur die zarten Seiten:

»Matcha-Shake und Chiasamen –
Schütze uns, Maria, amen!
Spirulina-Algenschaum
Schmeckt prima unterm Galgenbaum!«

Und weil Geschichten, die wir dichten,
Stets sich aufs Besond're richten
Statt auf Allgemeines, Vages,
Heißt's auch hier nun: Eines Tages …

... als ein Mensch am Pranger stand
Am virtuellen Angerrand,
Geschah's, dass unser Mob in Fitform
Den Neutralen traf beim Shitstorm,

Den, der ohne Hanfseil kam
Und ungewohnten Anteil nahm:
»Was hat jetzt der gemacht?« – »Egal!« –
»Aha. Dann bleib ich da neutral.«

Der Mob verzog die Stirn verwirrt –
Was war denn *dem* durchs Hirn geschwirrt?
Nein, nein, das sei kein Sündenbock,
Der dort am Pflock aus Gründen hock',

Denn heut' sei schon ein kleines Stigma
Wirkungsvoll, wie's einst der Strick war,
Gab er sich moralisch recht
Und blies zum Digitalgefecht,

Um so die Menschheit zu befrieden.
Drauf der andre unentschieden:
»Wie sieht er das denn?« – »Egal!« –
»Dann bleib ich da erst recht neutral.«

Da griff der Mob zur Sprachgewalt,
Verknappte manchen Sachverhalt
In Form getwitterter Berichte
Voll geklitterter Geschichte:

Niemand wolle Scheiterhaufen,
Aber würd's *so* weiterlaufen,
Müsst' man sich mit schwarzen Listen
Schützen wie die Staatsfaschisten!

Wenn man *einen* bluten mache,
Sei's im Sinn der guten Sache –
Wer Partei nehm' für den Täter,
Sei der wirkliche Verräter,

Schrie der Mob mit rotem Kopf da –
Der Neutrale sah nur Opfer:
»Hat's Beweise?« – »Pah, egal!« –
»Dann werd ich radikal-neutral!«

Schon trat aus seinem Trachtenkleid
Ein Kraftfeld der Bedachtsamkeit,
Das trieb die miese Energie
Aus Frauenhals und Männerknie!

Weil dies salopp 'nen Flop verhieß,
Der Mob darob vom Opfer ließ,
Zerstob und mit ihm jeder Hetzzwerg
Aus dem asozialen Netzwerk.

Vor dem Retter aber sank
Das Opfer auf die Knie vor Dank:
»Was schuld ich dir? Oh sag's, ich zahl!«
Drauf der: »Da bleib ich *nicht* neutral ...«

Nun gut, der Schluss gereicht zum Holzschnitt.
Doch wie oft schwingt falscher Stolz mit,
Glaubt man stur mit Fieberstirn:
»Bei *uns* kann so was nie passier'n!«

Doch Lynchjustiz, IS, Kristallnacht
Dreh'n Moral auf links zur Allmacht.
Ach, das kann man nicht vergleichen?
Doch, 'ne Handvoll Menschen reichen.

Gruppen machen uns stupid,
Dynamik wird zu Dynamit
Und lässt den meisten zur Blamage
Von Zivilcou- nur die Rage.

Nicht alleine seichte Leute
Kennt der Mob als »leichte Meute«.
Steht er erst vor deinen Toren,
Hat sein Opfer auserkoren

Oder fordert haterhaft
Die Solidaritäterschaft,
Dann wünsch ich jedem ganz ›Normalen‹
Auch 'nen inneren Neutralen.

 *Diesen Text anhören:*
https://satyr-verlag.de/audio/ovb_mob.mp3

Gutes Karma,
schlechtes Karma

Ein Amtsschalter samt Topfpalme. Hinter dem Schalter steht ein gelangweilter Beamter. Davor materialisiert sich eine Frau.

BEAMTER   Willkommen bei der Agentur für Wiedergeburt. Was kann ich für Sie tun?

FRAU   Äh ... Keine Ahnung ... Ich weiß gar nicht, was ich hier mache? Ich war doch beim Einkaufen ...?

BEAMTER   Sie sind tot.

FRAU   Was? Und warum weiß ich davon nichts?

BEAMTER   Sie haben das Auto nicht kommen sehen.

FRAU   Welches Auto?

BEAMTER   Ganz genau. Also, Neuanmeldung ... Mal schauen, was wir für Sie haben.

FRAU   Haben Sie nicht gesagt, ich sei tot?

BEAMTER   Ja, Ihr Körper. Aber *Sie* sind laut Datenbank zum 427. Mal da.

FRAU   427 Mal?

BEAMTER   Ist bei der Marktlage schwierig, was Länger-
          fristiges zu kriegen. Ich kann Ihnen diesmal
          auch nur was für den Übergang anbieten.
          Als Alpaka in Südamerika. Oder als spa-
          nischer Straßenhund?

FRAU   Straßenhund? Ich bin Familienmutter!

BEAMTER   Nein, jetzt nicht mehr.

FRAU   Aber ich muss einkaufen, die Kinder abho-
          len ...

BEAMTER   Keine Sorge, das macht jetzt der Charlie
          Chaplin.

FRAU   Wer?

BEAMTER   Ihr Mann. Der war in einem früheren Leben
          Charlie Chaplin.

FRAU   Also, das erklärt einiges ... Aber bald ist doch
          Weihnachten! Und da sagen Sie mir, ich sei
          tot? Ich bin noch keine fünfzig! Das ist doch
          nicht fair!

BEAMTER   Wären Sie halt besser mit Ihren Bauern um-
          gegangen.

FRAU   Mit meinen Bauern?

BEAMTER   Ich sehe hier ein dickes Minus aus Ihrem
          Vorleben als Landgraf in Ungarn. Sie kön-
          nen natürlich pausieren und sich körper-
          suchend melden. Aber ich würde Ihnen
          empfehlen, das schlechte Karma zügig ab-
          zuarbeiten. Dann reicht's irgendwann auch
          wieder für ein Dasein als Rhododendron
          oder Birke.

FRAU   Aber gegen Birken bin ich allergisch?

Ein Mann drängelt sich dazwischen.

MANN   Entschuldigung, ich nehm die Birke!

BEAMTER   Sie schon wieder! Ich hatte Ihnen doch gesagt, Sie sind noch nicht dran!

MANN   Ich war zuerst da!

BEAMTER   Sie haben aber nur eine Nahtoderfahrung.

FRAU   Moment, kenne ich Sie nicht von irgendwoher?

MANN   Was, mich?

BEAMTER   Tatsächlich! Sie haben ihn mal massakriert als römischer Feldherr.

MANN   Ach! *Sie* waren das!

FRAU   Nein, das muss ein Fehler sein, ich war nie in Rom!

BEAMTER   Dafür hat er Sie gerade beim Einkaufen überfahren. Damit sind Sie quitt.

MANN   Von wegen!

BEAMTER   Na schön. Bevor Sie weiter nerven, gebe ich Ihnen die Birke. Aber nur kurz: Drei Monate Koma, bis Ihre Familie die Geräte abstellt. Bis bald.

MANN   Was? Aber ...

Der Mann löst sich protestierend auf.

FRAU   Gottogott! Kann ich dieses Karma nicht irgendwie ausgleichen?

BEAMTER   Waren Sie bei Facebook? Viel gelikt, Herzchen verteilt?

FRAU   Äh ... ja. Auch.

BEAMTER Aha, also eher Hasskommentare gepostet?

FRAU Na ja, vielleicht den einen oder anderen. Schließlich bin ich Familienmutter.

BEAMTER Gut, das können wir gegenrechnen. Außerdem war einer Ihrer Söhne Attila der Hunne – wenn wir das als besondere Belastung geltend machen ... Ja, dann kommen wir sogar mit einem schönen Plus raus!

FRAU Wie? Sie erlassen mir das Karma für ein paar Likes?

BEAMTER Auch Karma wird digital! BitKarma ist gerade erst im Kommen.

FRAU Ich glaub's ja nicht ...

BEAMTER Trotzdem hab ich nichts Passendes für Sie. Es sei denn, Sie möchten an unserem Testprogramm teilnehmen?

FRAU Welches Testprogramm?

BEAMTER Wir testen Kurzzeit-Existenzen, in denen man karmische Überschüsse abbaut, ohne ins Minus zu kommen. Das *Temporäre Restkarma-Umverteilungs-Maßnahmen-Paket*, kurz *TRUMP*.

FRAU Trump? Aber der ist doch gar nicht mehr Präsident?

BEAMTER Präsident? Wusste gar nicht, dass das Programm *so* gut läuft ...

FRAU Und wie soll ich als Trump wiedergeboren werden? Der ist doch schon auf der Welt?

BEAMTER Wie gesagt, Kurzzeit-Existenz. Sie kommen zwei bis drei Tage lang in seinen Körper, toben sich aus, dann ist der Nächste dran. Sie

	haben doch nicht ernsthaft geglaubt, dass der Typ nur eine einzige Persönlichkeit hat?
FRAU	Jetzt, wo Sie es sagen ... Hm, na gut, ich mach's! Endlich mal ungestraft die Sau rauslassen!
BEAMTER	Glückwunsch! Dann sehen wir uns in zwei bis drei Tagen ... Und bis dahin hab ich bestimmt was für Sie frei – bei der AfD.

Onkel Trumps Hütte

Mit gelbem statt Kraushaar an Washingtons Hausbar
Saß einer, der beinah wie Kochschinken aussah,
Zwar schlicht, doch sensibel wie einst Forrest Gump –
A man of the people, genannt »Onkel Trump«.

Er hatte die Freiheit im Wahlkampf verloren,
Statt Beileid gab's Volkszorn, analkrampfgeboren:
Man höhnte, er ließe von Russen sich neppen,
Und gönnte ihm nicht mal, 'ne Pussy zu *grabben*.

Und er, der als Sklave und Ritter des Guten
Gewohnt war, zur Strafe bei Twitter zu bluten?
Man sah ihn tagtäglich als friedlichen Weltmann
Sich schinden auf allen politischen Feldern:

Er schor sich den Breitbart, schalt Klimahysteriker,
Zog einen Wall um den Dream of America,
Bis der an Herz und an Niere Gekränkte
Sein Elend in Desinfizierspray ertränkte!

Der Glaube allein blieb sein Sonnendepot:
»Old McDonald had a farm – let my people go!«
Ach Onkel, ach Onkel, ich frag mich, wann checkst du's?
Wer ist hier Opfer, wer Macher der Fake News?

Und tut ihm, verrammelt im Säulenfoyer
Der Hütte, das Aug' auch vom Heulen so weh –
Er ist nicht nur wirtschaftlich Mann der Exporte,
Auch seine Hütte kennt andere Orte ...

Zum Beispiel in D. steht ein Schlachthof samt Fachgeschäft,
Dort hat Herr T. den Kollegen viel nachgeäfft:
Niedrige Löhne plus enge Quartiere,
Wo polnische Söhne sich drängen wie Tiere.

Ja, Deutschland braucht Fleisch, denn wer fastet, der rostet;
Man kostet es gern, wenn's denn selbst nicht viel kostet –
So stand schon in Seehofers Spitzelkartei:
»Hartz Vier schluckt sich besser mit Schnitzel dabei.«

Auch singen seit Jahren die Küken im Schredder:
»Erst nackig, dann Nugget, that's bigger and better!«
Doch trifft es dann Menschen, spricht jäh die Regierung
Ein Machtwort – am Schlachtort heißt's: »Diskriminierung!

Zwar stressen die kleinen Adressen die Meinen –
Gemessen an Schweinen, nein, ›Essen auf Beinen‹,
Ist's Pressen dank reinen Int'ressen an Scheinen
Indessen mit feinen Prozessen im Reinen!«

In Onkel Trumps Hütte die Balken schon knacken –
Wie witzig, Herrn T. sitzt der Schalke im Nacken!
Ach Onkel, ach Onkel, ich frag mich, wann checkst du's?
Wer ist hier Opfer, wer Täter, der wegmuss?

Im Norden von D. dreht Herr W. voll Symbolglanz
Die Kurbel am wichtigsten Motor des Wohlstands,
Auf dass der, trotz Stickstoff ganz prima getestet,
Die Luft statt beim Kick-off das Klima verpestet.

Er denkt sich: »Was kümmern mich Abgase, Pappnase,
Eh ich nicht auf den Bilanzen bergab rase?«
Dann aber knallt's, und sein Diesel ist krank –
Da saß statt des Tigers ein Wiesel im Tank ...

Schnell mimt er in Onkel Trumps Hütte fürs Volk
Entrüstet das Opfer des Stiers, den er molk,
Und stellt, denn die ganze AG schaut so dumm,
Das Werk zur Versöhnung auf E-Auto um.

Da schont Vater Staat des Konzernes Etui,
Denn auch ein Minister fährt gern SUV;
Ein gnädiger Obolus lindert den Zorn –
Tja, blindes Huhn findet im Winter kein Korn ...

Dass keiner am Würfel von Rubik sich quäl',
Verrat ich den Zaubertrick: »Too big to fail«.
Ach Onkel, ach Onkel, ich frag, wie erträgst du's?
Wer ist hier Opfer, wer CO_2-Drecksfuß?

Zwar endet die List der Onkel noch nicht,
Doch sprengt ihre Zahl die Moral der Geschicht',
Und ist auch der Uronkel grad nicht im Amt,
So bleibt das Prinzip, welches schlicht von ihm stammt:

Sei rücksichtslos, gierig und mogel' dich durch,
Prell Umwelt und Tiere von Vogel bis Lurch
Und mach es »wie alle«, zieh Kraft aus der Spaltung,
Dann hast du's geschafft, ohne Haftung und Haltung.

Drum folg' im Gedächtnis an ihn seinem Beispiel,
Und suchst du beim Fleisch-Deal, beim Werks-CO_2-Ziel
'Nen Ort, der Berufsfrucht im Dunkel verschütte,
Dann findest du Zuflucht in Onkel Trumps Hütte ...

 *Diesen Text anhören:*
https://satyr-verlag.de/audio/ovb_onkel.mp3

2020 oder: Zurück aus der Zukunft

Das Jahr beginnt nüchtern
Im weltweiten Lockdown;
Die Zukunft ist schüchtern,
Lässt sich nicht untern Rock schau'n
Wie Marilyn Monroe.
Ja, das ist schon so:
Uns hilft kein DeLorean und auch kein Doc Brown –
Es gibt kein Zurück,
Kein ZURÜCK IN DIE ZUKUNFT.
Das merken sie plötzlich, die Börse, die Flugzunft ...
Es ist wie im Film, wie im Hollywood-Blockbuster,
Leider im falschen, drum kochst du im Wok Pasta,
Lässt Kontakt zur Haut weg
Und trägst Masken aus Stoff, denn ...
Was bleibt uns schon bei OUTBREAK
Ohne Dustin Hoffman?

MANCHE MÖGEN'S HEISS –
Das Virus, zum Beispiel,

Schwimmt in Speichel und Schweiß
Den *Einen-Meter-fuffzig-Freistil.*
Ganz Hollywood ist leergefegt,
Und *noch* sind alle sehr gepflegt –
Es ist THE DAY THE EARTH STOOD STILL,
Den wir alle gaffen,
Doch wird es den Friseur'n zu viel,
Ist's bald PLANET DER AFFEN.

Gab's einen Fehler im Fluxkompensator
Oder ist alles ein Jux vom Kremator?
Nein, ein Film ist aus dem Kino gekommen,
Nur hat man *uns* besetzt statt Al Pacino genommen.
Darum läuft er auch im *Home-*
Statt wie üblich am *Boxoffice,*
Weil schon *ein* Symptom
Für unsere Medien ein Lockstoff is':
»37 Grad auf dem Thermometer,
Ruf schon mal die Sanitäter ...«
Ja, wie sieht es auf der Erde aus – 28 DAYS LATER?

Gehörst du dann zu denen, die nach Popcorn gieren,
Beim Klopapier im Shop vorn sich zum Mob formieren,
Zu jenen, die auf Viren und die Opfer stieren
Und die Zahl der Infizierten schon im Kopf addieren?
Dann überleg mal, wie viel Leute grad den Job verlieren.
Du denkst, ich hab Arbeit
Durch Livestreams und AdClicks,
Während ich in Wahrheit
Vor Netflix im Bett wi...
Wir hoffen auf ein Happy End,

Doch Wetten hau'n wir keine raus:
»Hee, Mama, guck, der Teppich brennt!«
Ja, KEVIN ist ALLEIN ZU HAUS ...

Für die, die keine Stützen haben,
Tobt ein Dritter Weltkrieg,
Nur dass ich nicht im Schützengraben
Irgendwo im Feld lieg,
Auf dem, zu jeder Schlacht bereit,
Schon manch ein Freund sein Grab fand.
Die Waffe hier ist Achtsamkeit,
Die Munition heißt Abstand:
»Bamm! Noch 'nen Meter! Und bamm, bamm, bamm,
        noch mehr!
Friss das, du Virus, schönen Gruß von Robert Koch, yeah!«

Was ist denn so schlimm dran, zu Hause zu bleiben?
Vielleicht auch mal während der Pause zu schreiben
Ins Tagebuch, ohne Staralüren,
Einfach offline sein und die Tage spüren?
Statt draußen zu cruisen, mal in sich zu gehen –
Was bringt es uns, wenn wir den Sinn nicht verstehen,
Warum *wir das alle* gemeinsam erleben?
Idee: Dass wir nicht nur nach Einnahmen streben,
Uns wieder »Gemeinschaft« als Beinamen geben
Und üben, was die Erste Welt
Seit jeher für das Schwerste hält:
Verzichten. Und Demut.
So hart, dass es wehtut.
Bei Rewe. Im Tegut.

Ich find jedes Leben kostbar,
Und wenn wir uns nicht viral kill'n,
Gibt's vielleicht den Oscar
Für den besten Surrealfilm.
Dann sind Betatschen, ein Walzer
Und Sich-Treffen nicht mehr strafbar,
Wir kau'n Nachos mit Salsa
Und schau'n THE DAY AFTER.
Mit Glück ist das der Schlussstrich;
Und wenn Falten dein Gesicht zerfressen,
Mach's wie Peter Lustig:
»Abschalten nicht vergessen.«

Der Magnolienhund

Ich hab beim Spazieren die Erde geseh'n.
Erst dacht' ich, der Anblick, er werde vergeh'n
Wie 'n flüchtiger Abglanz auf Foliensaum;
Dort ruhte sie unterm Magnolienbaum,

Unendlich entspannt als ein dösender Hund.
Weil jäh ein von allem erlösender Grund
Den Menschen, von eigener Größe verdummt,
Zum Halt zwingt, bis all sein Getöse verstummt.

Das Kinn auf dem Boden, belauscht er seit Stunden
Im Blütenblattregen verrauschter Sekunden
Die Leere der Straßen, den Stillstand der Uhr;
Es regt sich zum Bildband verklärte Natur:

Die Wasser Venedigs sind plötzlich kristallklar,
Die Luft wieder sauber, wie's lang nicht der Fall war,
Kaum glaubbar, was möglich – und merke, wie lautlos
Verfliegt auch der Ausstoß der Werke und Autos.

Die Städte Europas erobert die Ruh',
Sie deckt ihre Hamster mit Klopapier zu;
Der Hund scheint befreit wie im Weckruf von Greta –
Die Leine fürs Herrchen misst anderthalb Meter.

Wir sollten untern Magnolien liegen,
Dann könnten wir dort eine Rohidee kriegen
Von dem, was noch blüht, was der Hund spürt im Harnfluss:
Verglichen mit morgen ist's heut' nur ein Warnschuss.

Und möglicherweis' dient in all diesem Zirkus
Corona als Abwehr, und wir sind das Virus.

Deterministische Dilemmata
Aus der Reihe „Leben mit Quantenphysik"

Es gibt nicht vieles, was ich bereue, getan zu haben. Höchstens einiges, von dem ich bereue, es *nicht* getan zu haben. So ist das doch: Man würde noch einmal ganz genauso leben, aber ein, zwei Dinge, die würde man schon anders machen, nur um zu sehen ... Was wäre, wenn?

Es ist der Morgen nach der US-Wahlnacht 2016, meine Füße hängen über der Bettkante, und ich kann mich nicht entscheiden, mit welchem Fuß ich aufstehen soll. Stehe ich mit rechts auf, werde ich mich für immer fragen, was wäre, wenn ich heute mit links aufgestanden wäre? Wäre ich um eine Nasenlänge voraus oder einen Schritt hinterher? So wie ich mich für immer fragen werde, was wäre, wenn ich mich damals im Bus dazugesetzt hätte zu diesem Mädchen, in das ich so schrecklich verknallt war. Wenn ich die Chance ergriffen hätte, sie kennenzulernen, statt mit hochrotem Kopf an ihr vorbeizurauschen, um mir in der sicheren Entfernung der letzten Sitzreihe auszumalen, was wäre, wenn ich jetzt bei ihr säße?

Der Bus fährt los, und ich surfe durchs WWW. Nicht das World Wide Web, mein WWW ist das Was-Wäre-Wenn – ein unendliches Netzwerk aus Weltversionen und Lebenswegweichen. Früher war es einfacher, es gab nur *eine* Welt, *ein* Universum. Doch die Quantenphysik hat es fallen lassen, und es ist zersplittert in unzählige Paralleluniversen, eins für jede Entscheidung, für jede Weggabelung im Was-Wäre-Wenn. Und zwischen den Bruchstücken soll ich nun meinen Weg finden, ohne mir die Füße aufzuschlitzen.

In der *Sesamstraße* tun sie so, als ob es immer noch eine unumstößliche Welt gäbe mit Rechts und Links und Oben und Unten. »Wer, Wie, Was?«, singen sie, »Wer, Wie, Was?«- Dabei sollte es heißen: »Was Wär Wenn?« Ja, was wäre, wenn ... ich mit links aufgestanden wäre statt mit rechts? Was wäre, wenn ich nicht die *Sesamstra-ße* schauen würde, sondern die *Mohnallee* – dort, wo Ernie gelb ist und Bert der Orange? Irgendwo im Kosmos des Konjunktivs existiert es, das alternative Ich, das sich anders entschieden hat. Geht es ihm besser? Oder sitzt es auch zweifelnd auf der Bettkante? Das Gras ist bekanntlich immer grüner im Nachbaruniversum.

Wie muss es erst einem Wesen gehen, das mehr als zwei Füße hat – einem Hund oder einer Katze? Die haben nicht nur zwei, sondern Vier-Fakultät Möglichkeiten, aufzustehen, und das jeden Tag. Kein Wunder also, dass Spinnen meist reglos in der Ecke sitzen. Als Zweibeiner kommt man einfach schneller zu Potte. Vielleicht ist das der evolutionäre Vorteil des Menschen und der nächste Schritt der Schritt hin zum Einbeiner.

Da *ich* aber zwei Füße habe, muss ich mich entscheiden, mit welchem ich aufstehe. Und danach? *Erst* duschen, *dann* die Zähne putzen? Oder andersherum? Gestern habe ich eine halbe Stunde handlungsunfähig im Bad gestanden, mit dem Ergebnis, dass ich *beim* Duschen die Zähne geputzt habe. Auf einem Bein.

Doch das Multiversum lässt sich nicht behumpsen – genauso gut könnte ich versuchen, mit beiden Füßen gleichzeitig aufzustehen. Auf subatomarer Ebene hätte immer einer von beiden eine Millionstelsekunde Vorsprung, seine Teilchen berührten den Boden ein µ früher, und ich wüsste es noch nicht einmal. Ich liefe durch ein Multiversum, das ich besiegt zu haben glaubte, doch ich hätte die Entscheidung bloß dem Mikrokosmos überlassen. Ich wäre wie einer dieser Nichtwähler, die sich vor der Verantwortung drücken – und dann, dann hätten wir Trump!

Das ist der Kern der Frage, die mich quält: Mit welchem Fuß muss ich aufstehen, um nicht in dem Universum zu landen, in dem Trump gewählt wurde? Legt jede Entscheidung fest, in welcher Version der Welt ich den Rest meines Lebens zubringen muss? Und schon bin ich ihn gegangen, den Schritt vom Rechts-oder-Links zum Richtig-oder-Falsch. Im Rückspiegel sieht jede Entscheidung anders aus. Murphy gießt sein Glas halb voll und trinkt es halb leer.

Der Einfachheit halber nenne ich meine Füße Ernie und Bert, links Ernie, rechts Bert, passend zu ihrem Charakter. Ich weiß nicht, ob man einen Präsidenten mit den Füßen verhindern kann; Wählen ist da schon zielführender – aber noch hat es schließlich niemand probiert.

Es heißt ja auch, die Erde müsse aus der Umlaufbahn fliegen, wenn alle Chinesen gleichzeitig hochsprängen. Wahrscheinlich mag Trump die Chinesen deswegen nicht: weil er weiß, dass sie die Macht hätten, ihn zu verhindern. Vorausgesetzt, sie kämen alle gleichzeitig wieder runter. Da das aber nicht möglich ist, weil immer einer von ihnen den Boden ein μ früher berührt, *muss* ich mich doch fragen: Mit welchem Fuß lande ich in welcher Welt? Darf ich es dem Mikrokosmos überlassen? Dem kann es egal sein – die Teilchen, die dort leben, können an mehreren Orten gleichzeitig sein. Zumindest, solange niemand hinsieht.

Und wie *überhaupt* noch etwas tun, wie überhaupt noch *irgendeine* Entscheidung treffen, wenn jede eine von denen sein kann, die ich mein Lebtag bereue? Die ganze Wahlnacht über habe ich bewusst nicht hingesehen, habe mich verkrochen in einen faradayschen Käfig aus Wird-schon-Gutgehen. Verdammt, denke ich jetzt. Verdammt, wie bin ich in *dieses* Universum geraten? Was habe ich falsch gemacht? Womit habe ich Trump verdient? Hätte ich mich damals im Bus bloß dazugesetzt ...

Egal, ob etwas daraus geworden wäre, aus dem Mädchen und mir – *ich* wäre heute ein anderer. Ich wäre der, der sich getraut hat. *Das* ist doch die Frage, die ich mir stellen muss: Wer will ich sein? Welches Ich? Damit nicht ein Teil von mir für immer ganz hinten im Bus sitzen bleibt und denkt: »Was wäre, wenn ...?«

Wir leben in postfaktischen Zeiten, da möchte man bald gar nicht mehr aufstehen, höchstens auf*stampfen*. Denn keine Entscheidung zu treffen, mit beiden Füßen gleichzeitig aufzustehen, *das* ist Trump: Ernie und Bert in einer Person – orange mit gelbem Haar! Und darum, liebe Zweibeiner, fragt euch, in welcher Welt *ihr* leben wollt! Fragt euch, welches eurer Ichs ihr sein wollt, und stampft auf! Stampft beim Duschen und beim Zähneputzen! Stampft, damit die *Sesamstraße* nicht das Multiversum übernimmt! Überlasst es nicht dem Mikrokosmos! Seht hin, wenn die Chinesen wieder runterkommen, und stampft! Stampft mit dem Fuß auf – aber überlegt euch gut, ob ihr den rechten oder den linken nehmt ...

V

Ja, ich gestehe: Ich bin einer von denen. Einer von denen, die die Speisekarten vollgraupeln mit Falafelburgern, Tofugulasch und Sojabratstückchen. Ich bin schuld an der Veggie-Option, an den Guacamole-Dips auf jeder Party, »denn die können doch alle essen, oder?« Schuld, dass man den Salat doch lieber *ohne* Thunfisch macht, »denn man weiß ja nicht – Fisch ist kein Fleisch, aber ist er deshalb vegetarisch?« Kleiner Tipp: Habt ihr ihn gepflückt? Nein!

Ich bin schuld, dass nicht mehr gegessen wird, was auf den Tisch kommt. Schuld, dass sich Leute diskriminiert fühlen, die an Zöliakie leiden oder etwas wirklich nicht essen können, weil sie nicht *dürfen*, nicht bloß, weil sie nicht *wollen*. »Nach'm Kriech hab'n wa alles gegessen, sogar Zement, da hätt's so was nicht gegeben, nee, nee ...«

Ich bin schuld, dass man mittlerweile zwei Zangen braucht beim Barbecue und ein Drittel vom Grill frei halten muss für Zucchini und kleine Alubeutelchen mit zerbröseltem Feta.

Und ich bin schuld an den Wortschöpfungen, die sich verzweifelte PR-Praktikanten unter vorgehaltener Waffe aus der kokswunden Nase ziehen müssen: An *No-Beef-Steaks* auf *Sonnenblumenkern-Bambusfaser-Basis*, an *Planted-Chicken-Knusperschnitzeln vom freundlichen Pflanzenhuhn* und *Dinkel-Lupinen-Quinoa-Pattys Lederhosenstyle im Amaranthmantel*. Nicht zu vergessen *Vevapcici, Vrikadellen* und *Weizenprotein-Wie-Wurst-Vleisch*. Mit V.

V wie: »Veichei!«

V wie: »Verpiss dich!«

V wie: »Ist doch nur ganz venig.«

V wie: »Du veißt ja nicht, vas du verpasst.«

V wie: »Ist doch eh schon tot.«

Vohlgemerkt, ich bin kein Veganer. Nicht jeder Raucher greift gleich zur Zigarre. Man kann auch auf die Barrikaden gehen, ohne Autos anzuzünden. Ich bin kein Che Guevara – ich bin ein Ve Getaria. Der Ätschi-bätschi-Veggie, Speisekartensprenger und Dinnerparty-Destroyer. Störenfritte aller Grillfeste, Persona non gratinata bei Kochabenden, Kalbtraum aller Haxenwirte, für die ein Salat ohne Schinken, Sülze und Putenstreifen das Gleiche ist wie Katar für Robert Habeck: ein Waterloo. Ich bin ein schvieriger Esser. Mit V. Wie »eitler Vau«. Auch wenn ich mich nicht mit dem Buchstaben V identifiziere, umreißt er ziemlich genau die soziale Stellung, die mir aufgrund meiner Essgewohnheiten zugewiesen wird. Er *brandet* mich wie das Vieh auf der Veide; er ist so etwas wie meine Leberkaste.

In den Achtzigern lief die Serie *V – die außerirdischen Besucher kommen*, und genauso fühle ich mich heute: Wie ein Alien, ein Außenseitan – ein kulinarischer Sozialfall, der immer eine Extrawurst braucht, *und dann auch noch ohne Fleisch!* Mancher würde das Wort »Extrawurst« als diskriminierend empfinden, als »vegististisch«. Mir ist das wurscht, mit oder ohne Fleisch. Ich mag ein V-Mann sein im Reich der Carnivorherrschaft – aber ohne Agenda.

Irgendwie hat sich das Bild verfestigt, alle Vegetarier seien Weltverbesserer, die Tierleid verhindern und das Klima schützen wollten. Es scheint kaum vorstellbar, dass jemand den Fleischkonsum verweigert aus reinem Egoismus.

Dabei wäre es sehr hochgestochen, durch Fleischverzicht gutes Karma sammeln zu wollen. Der Markt für Ersatzprodukte wird längst dominiert von den großen Schlachtkartellen: In der Rügenwalder Mühle werden nicht nur Küken geschreddert ... Nein! Es wird Dinkel geschrotet und Soja granuliert! Mit rostigen Zahnrädern! Im Wiesenhof riecht es nach frisch gemähtem Gras, denn was Säugetieren der Geruch von Blut, das ist Pflanzen der Duft nach dem Rasenmähen! Die Reste bekommt die nächste Generation Pflanzen als Blumenerde. Unterschwellig merken sie das, das ist gut, dann haben sie Stress. Manchmal erschreckt man sie auch und macht im Vorbeigehen: »Buh!« Angst und Leid machen die Fasern zart, man kann sie besser verdauen. Und fruchtlose Triebe werden zermahlen zu Pflanzenmehl für McDonald's – die machen daraus Chicken McNuggets! Da war nämlich noch nie Hähnchen drin, nur

Aromen, damit man ihn nicht schmeckt, den Gemü-
seabfall aus pflanzenverachtender Haltung! In Wahrheit
sind wir nämlich *alle* Vegetarier – ihr habt es nur noch
nicht gemerkt, ha!

Es ist die vielleicht dreisteste Unterstellung: dass ich vegetarisch lebte, um ein besserer Mensch zu sein. Mehr
noch, dass ich mich bereits als besserer Mensch *fühlte*,
um mit der Selbstgefälligkeit des moralisch Überle-
genen auf die Fleischfresser hinabzuschauen. Mit der
Folge, dass ich mich an jedem Tisch als wandelnder Vor-
wurf fühlen muss, als Problemgast, als *Komplikation*, als
Stein im Schuh des ungetrübten Genusses.

Warum also mute ich mir das zu? Ich weiß, dass ich
kein besserer Mensch bin und auch nicht werde aufgrund meiner Ernährung. Ich mache es aus Protest
gegen ebendas, worunter ich leide: soziale Nötigung.
Gegen die Vorstellung, dass andere mir sagen, was in
meinen Körper hineinkommt und was nicht. Gegen
den Zugzwang, der entsteht, wenn GastgeberInnen auf-
tischen und »sich ja solche Mühe gegeben haben und
wirklich, *wirklich* besser wissen, was gut für dich ist –
also sei respektvoll und iss es, iss gefälligst deinen Brei,
los, runter damit, *und zwar alles, sonst hast du den ganzen
Stamm tödlich beleidigt, und das Nächste, was auf den Tisch
kommt, bist* du!«

Eine gemeinsame Mahlzeit, zu der jeder sein eigenes
Essen mitbringt – das wäre mein perfektes Dinner.
Ich bin zwar kein Millennial, doch als Zwangsneuroti-
ker möchte auch ich mein Schicksal selbst bestimmen.

Gleichzeitig weiß der Philosoph in mir, dass ich das gar nicht kann. Daher bleibt mir nur dieses eine, kleine Stückchen Selbstbestimmtheit, und das heißt: Mein Bauch gehört mir! V! Wie »Vegtory!«.

Sein und Mahlzeit
Vier Versuche
zur rezeptiven Philosophie der Kulinarik

Platonische Souflaki-Spieße

1 kg Schweine- oder Rindfleisch

½ Tasse Olivenöl

3 Paprikaschoten

3 Tomaten

3 Zwiebeln

Oregano

Paprikapulver

Sokrates: Mein lieber Phaidros, wohin des Weges und woher?

Phaidros: Von Lysias, dem Sohn des Kebapos!

Sokrates: Wie habt ihr da die Zeit verbracht? Doch natürlich hat Lysias euch bewirtet!

Phaidros: Fürwahr, Sokrates, die Speise, an der wir uns labten, waren Souflaki-Spieße.

Sokrates: Möchtest du gern, dass wir in den Spießen des Lysias uns anschauen, was wir darin für kunstwidrig und was für kunstgemäß erklären?

Phaidros: Nichts lieber als das!

Sokrates: So wirst du mir zustimmen, wenn ich dir sage, dass das Fleisch und Gemüse für jenen, der es verspeist, am besten verdaulich ist, wenn er es zuerst in kleine Würfel zerschneidet?

Phaidros: Gewiss doch.

Sokrates: Und glaubst du danach, dass es die Voraussetzung für gute und wohltuende Speisen ist, dass der Koch den Geschmack weiß in den Dingen, die er zuzubereiten sich anschickt?

Phaidros: Ich glaube es.

Sokrates: Dann muss, wer eine Kunst des Kochens erlangen will, zunächst methodisch ein Marinieren durchführen.

Phaidros: Was meinst du damit?

Sokrates: Ist nun nicht so viel für jedermann deutlich, dass das Fleisch saftiger bleibt, wenn es zuvor einige Stunden in Olivenöl und Gewürzen getränkt wird?

Phaidros: Du sagst die volle Wahrheit.

Sokrates: So betrachte die Spieße deines Freundes. Scheinen dir nicht die Teile der Spieße holterdiepolter hingeworfen?

Phaidros: So ist es.

Sokrates: Jeder Spieß muss wie ein lebendiges Wesen gefügt sein, mit eigenem Körper, sodass er weder kopflos ist noch fußlos, sondern Fleisch und Gemüse abwechselnd in rechtem Verhältnis zueinander und zum Ganzen aufgesteckt sind.

Phaidros: Einverstanden.

Sokrates: So wisse denn, wenn Souflaki dergestalt vorbereitet sind, kannst du sie über dem Feuer rösten.

Phaidros: Fürwahr.

Sokrates: Und kannst du mir sagen, was deiner Ansicht nach an Beilagen dazu passt?

Phaidros: Ei! Du wirst es mir gleich sagen.

Sokrates: Nein, mein schöner Knabe, Ei passt nicht dazu.

Kants Königsberger Klopse

500 g Hackfleisch

1 Ei

1 Zwiebel

Paniermehl

1 EL Kapern

Unter den mannigfaltigen Gegenständen, die uns die Anschauung gibt, heißt ein solcher, der, obgleich er dem Verstande nach Gesetzen a p r i o r i als Hervorbringung eines Thieres erscheinen will, sich seiner bloßen F o r m nach als durch einen Willen, welcher eine ursächliche Vorstellung jener zum Bestimmungsgrunde hat, gestaltet, H a c k f l e i s c h.

Solches vermenge man mit einem E i, welches man zuvor von seiner Einfassung, obgleich sie Zweckmäßiges zur Form desselben beiträgt, befreit hat. Desgleichen hacke man die Z w i e b e l , die zuvor so geteilt, dass sie ihrer eigenen Anzahl das Doppelte gibt, in kleinste Stücke, mithin, dass sie dem Fleisch hinsichtlich seiner F o r m in nichts nachstehe, und vermenge sie mit der Fleischmasse. Mit Salz und Pfeffer schmecke man die Substanz, so dass sie einen Wohlgeschmack im S u b - j e k t e , in dem einiges Annehmliches für die Sinnen- organe liegt, hervorzurufen die Möglichkeit gibt, ab. So- dann verfestige man die Masse mit P a n i e r m e h l , doch nur gerade so viel, dass sich das Ergebnis unter Aufwendung geringer Ertüchtigung zu K l o p s e n formen lässt.

Diese gebe man mit den K a p e r n und der verbliebe- nen Zwiebel in siedendes Wasser und erhitze alles bei solcher Temperatur, die, wenngleich sie hinsichtlich ih- rer Q u a n t i t ä t größere Ausdehnung beweist als dem Menschen gemeiniglich zuträglich, doch in Anse- hung eines für die Tätigkeit der Speisenverfertigung üb- lichen und nach einem bestimmten Begriff der V e r - n u n f t zweckmäßigen Höchstmaßes gleichsam gering erscheine, bis alles einen dem Geschmackssinne (wel- cher nicht zu verwechseln ist mit dem ä s t h e t i s c h e n Geschmack) hinreichend angemessenen Zustand er- reicht.

Für die Tunke verfertige man aus der angefallenen Brü- he unter stetem Rühren eine M e h l s c h w i t z e , als bis eine Creme, die, obzwar sie in Ansehung eines o b - j e k t i v e n Begriffes, den der Verstand der Einbil- dungskraft (zur Zusammenfassung des Mannigfaltigen) an die Hand gibt, hinsichtlich ihrer Q u a l i t ä t allenthalben sämig erscheine, wiewohl doch zäh zu nennen ist, entsteht.

Hierin aber liegt wohl mehr als ein Stück W a h r h e i t : dass die bereitete Speise in vorzüglicher Weise mit Reis oder Kartoffeln, allenthalben aber mit einer Portion Mus von Äpfeln, reichlich Annehmliches in der Gemütsstimmung im S u b j e k t e bei ihrer Verspeisung hervorzurufen sich anschickt.

Kässpätzle auf Hegel'sche Art
500 g Mehl
1 EL Öl
100 ml Milch oder Wasser
4 TL Salz
8 Eier
3 Zwiebeln
300 g Käse, gerieben

Der Spätzleteig ist an und für sich, indem, und dadurch, dass er aus Anderem, namentlich Eiern, Mehl, Öl und Salz, vermengt ist; das heißt, er ist nur als Vermengtes. Diese seine Einheit in seiner Vermengung ist eine vielseitige und vieldeutige Verschränkung, sodass die Zutaten derselben teils genau auseinandergehalten, teils auch als nicht unterschieden erkannt werden müssen. Die Auseinanderlegung des Begriffs dieser Einheit in der Vermengung stellt uns die Bewegung des Rührens dar.

Er ist für den Spätzleteig ein anderer Spätzleteig; er ist ins heiße Wasser geschabt worden. Dies hat die gedoppelte Veränderung; erstlich, der Teig hat sich selbst verloren, denn er findet sich in Form einzelner Spätzle; zweitens, er hat damit die Spätzle aufgehoben, denn er sieht auch nicht die Spätzle als Wesen, sondern sich selbst in den Spätzle.

Er muss dies sein Im-Wasser-Sein aufheben; erstlich, er muss darauf gehen, aus dem Wasser an die Oberfläche zu steigen; zweitens geht er hiermit darauf, sich selbst aufzuheben, denn die Spätzle ist er selbst. Dies doppelsinnige Aufheben seines doppelsinnigen Spätzleseins ist ebenso eine doppelsinnige Rückkehr in sich selbst; denn erstlich erhält er durch das Aufheben aus dem Wasser sich selbst zurück; zweitens aber gibt man ihn als Spätzle in eine Schüssel mit geriebenem Käse.

Die Bewegung des Zwiebelschneidens ist aber auf diese Weise vorgestellt worden, als das Zubereiten der Zwiebel; aber dieses Zubereiten der Zwiebel hat selbst die gedoppelte Bedeutung, ebenso wohl das Schneiden als das Braten der Zwiebel zu sein; denn die Zwiebel ist ebenso roh, und es ist nichts in ihr, was durch sich selbst gar ist. In dieser Bewegung sehen wir sich den Prozess wiederholen, der sich als Spiel der Kräfte darstellte, aber mit dem Teig. Was in jenem für die Spätzle war, ist hier für die Zwiebel selbst. Das Mahl ist der Teig, welcher sich in die Spätzle zersetzt, und jedes Kässpätzle ist diese Bestreuung mit Zwiebel, und absoluter Übergang in den Käse.

Kaiserschmarrn à la Wittgenstein

30 g Rosinen
2 EL Rum
125 ml Milch
125 ml Mineralwasser
4 Eier
30 g Zucker
1 Pck. Vanillinzucker
125 g Mehl
1 Prise Salz
Puderzucker oder Zimtzucker

1   Die Speise ist durch die Zutaten bestimmt und dadurch, dass es *alle* Zutaten sind.

1.1   In der Küche ist nichts zufällig: Wenn die Zutat in der Speise vorkommen kann, so muss die Möglichkeit der Speise bereits in der Zutat präjudiziert sein.

2   Wenn die Rosine im Rum vorkommen kann, so muss sie schon in ihm liegen.

2.1   Die Rosine ist aufgequollen, insofern sie eine Stunde lang im Rum gelegen hat, aber diese Form des Aufgequollenseins ist eine Form des Zusammenhangs mit dem Rum.

3   Das Ei ist oval. Die Form des Eis ist seine Schale.

3.01   Nur wenn es eine Schale hat, kann es eine feste Form des Eis geben.

3.02   Um ein Ei zu essen, muss man seine Schale entfernen.

3.1   Das Ei zerfällt in Eiweiß und Eigelb. Eiweiß und Eigelb *sind* das Ei. Es gilt $S\{ W(Ei) + G(Ei) \} = Ei$.

3.101 Eigelb, das mit Zucker, Vanillinzucker und Salz verquirlt wird, formt einen komplexen Teig.

3.102 Jede Zutat ist, gleichsam, in einem Teig möglicher Zutaten. Diese Zutaten kann ich mir einzeln denken, nicht aber den Teig ohne die Zutaten.

3.103 Wenn Mehl, Milch und Mineralwasser langsam untergerührt werden, verändert sich die Substanz des Teiges.

3.111 Eiweiß, das vom Ei getrennt und steif geschlagen wird, wird zu Eischnee.

3.112 Es ist dann unmöglich, das Eiweiß wieder in das Ei zurückzuführen.

3.2 Eischnee, der unter den Teig gehoben wird, lockert ihn auf.

4 Der Teig ist ein Modell des Schmarrns.

4.01 Einen a priori garen Teig gibt es nicht.

4.1 Das Gießen des Teiges in die Pfanne bedeutet seine Erhitzung. Die Rosine ist das, was unabhängig von dem, was der Teig ist, darübergestreut wird.

4.11 Die Erhitzung des Teiges enthält die Möglichkeit des Anbrennens. Um zu erkennen, ob der Teig roh oder gar ist, muss man ihn wiederholt wenden.

4.2 Ein garer Teig, der mit der Gabel zerrissen wird, ist der Schmarrn.

5 Worüber man nicht Zimtzucker streuen kann, darüber muss man Puderzucker streuen.

Punkt vor Strich

– Ach, Frau Quaderer? Schau her, des is ja a Überraschung!
– *Die Frau Dodekaeder! Ja, grüß Gott!*
– Schee, Sie zum Sehn, Frau Quaderer! Wia geht's Eana? Wos macht Ihre Arithmetik?
– *Ah, frogn S' net! Schlimm is, ganz schlimm! I ko goar nimmer aufhearn zum Quadriern.*
– Quadriern? Ah, geh, Sie Ärmste ...
– *Ja! Ois muass i quadriern! Des macht's im Haushoit net leichter, wissen S'? Friara hob i bei dreißg Grod woschn kenna – jetzt san's immer glei neinzge!*
– Mei! Da lauft ja ois ein?
– *Sie sogn's! Und wann i zum Bäcker geh, die hundertzwanzg Meter? Vierzehn Komma vier Kilometer! Nur hin! Und dann erst beim Einkaufen – die Preis'!*
– Ah, geh, des is ja schrecklich ...
– *Ja! Mei Mo is a nur no am Wurzelziang!*
– Ah, hat's den a scho erwischt?
– *Naa, Zahnoarzt is er.*
– Sie, hom S' des g'heart vom Herrn Winkelmann?

– *Winkelmann? Is des net der, der so an Platonischen Kerper hot?*
– Genau der! Und wissen S' wos? Der ko in koan Raum mehr neigehn, wo die Summe von die Winkel net mindestens 360 Grod is!
– *Naa ...!*
– Doch!
– *Sie, woarten S' a moi ... Des is aber net schwer? In am viereckigen Raum san des immer 360 Grod?*
– Ja, aber sei Frau, die is Anthroposophin! Die hot die Eckn abgrund't! Und jetzt hot er ihr Schlafzimmer seit zwei Joahr nimmer von inne g'sehn!
– *Jessas!*
– Ach, i sog immer: Solang's net Stochastik is ...
– *Sie, Frau Dodekaeder, jetzt red mer scho so lang – aber wer is einglich der Bub do bei Eana?*
– Des? Des is der kleine Cosinus, mei Neffe! Gell, Cosinus?
– BÄH!
– Sag brav Hallo zur Frau Quaderer!
– DER TANGENS EINES WINKELS IN EINEM RECHT-WINKLIGEN DREIECK IST DAS VERHÄLTNIS VON GEGENKATHETE ZU ANKATHETE!
– *Huch! Pfui, wie garstig!*
– Pfui, Cosinus! Ja, schämst di net!
– NÄH!
– Bitte entschuidigen S', Frau Quaderer. Sie wissen ja, wie des is mit die Kinder. Kaum san s' in der Kita, hearn s' diese Ausdrücke.
– *Ja, schrecklich! Immer diese indiskrete Mathematik ... Friara hätt's des net gebn!*

– Naa! Mia hob'n ja nix g'hobt!
– *Genau! Vier Grundrechenoartn – mehr hot's net gebn!*
– Und glücklich san mia trotzdem g'wen! In diesem Sinne: Punkt- vor Strichrechnung, Frau Quaderer!
– *Ja, des wünsch I Eana a, Frau Dodekaeder. Punkt vor Strich, gell?*

Der Briefträger
von Fabuland

Wie gern bin ich in den Kindergarten gegangen! Im Kindergarten gab es *richtiges* Spielzeug: Legosteine statt Holzbauklötzen, *Masters of the Universe* statt Fingerpuppen aus Filz. Nicht so wie bei mir zu Hause. Darum war es nicht ungewöhnlich, dass ich im Kindergarten spielte wie ein Besessener, um auch nachmittags noch davon zehren zu können.

Nur heute war das anders. Die Spielsachen waren mir egal, auch meine sonst üblichen Beschäftigungen lockten mich nicht: Ich pinkelte nicht in den Sandkasten, ich zündete keine Insekten an, ich knotete die Mädchen nicht mit den Zöpfen an der Wippe fest. Nicht mal Astrid ärgern wollte ich, obwohl das mein Lieblingsspiel war. Es lief immer gleich ab. Man fragte Astrid: »Na, *wie* heißt du?« Und weil sie Schwäbin war, sagte sie: »Aaschtrid« – und den kriegte sie dann auch.

Doch es gab einen Grund für meine Unlust: den Briefträger von Fabuland! Den nämlich hatten mir meine Eltern versprochen. Fabuland war zwar Plastikspielzeug von Lego, aber die Figuren hatten Tierköpfe. Und weil Tiere in der Welt meiner Eltern grundsätzlich friedliebend waren, konnte das *so* schlimm nicht sein. Ich war außer mir vor Glück, und in meiner Vorfreude vergaß ich alles um mich herum. Sogar den Langen Lars.

Der Lange Lars war eigentlich nicht sehr lang, im Gegenteil, er war das dicke Kind in unserer Spielgruppe, das Kind, das immer alle anderen verhaut. Am Anfang, wenn die Gruppen gebildet werden, stecken sie in jede Gruppe ein dickes Kind. Das machen sie absichtlich, um selber Kräfte zu sparen. Trotzdem nannten wir ihn den Langen Lars, und er fühlte sich jedes Mal geschmeichelt, dabei hieß er so, weil er eine ziemlich lange Leitung hatte. Quod erat demonstrandum.

In meiner Begeisterung muss ich wohl vor mich hingemurmelt haben, denn auf einmal stand der Lange Lars vor mir. »Dem Briefträger vom Fabuland?«, schnaufte er. »Dem bringsu mir morgen mit!« Und als ich widersprach, demonstrierte er mir an einem glücklosen Glücksbärchi, was passieren würde, wenn ich nicht gehorchen sollte.

Geknickt schlich ich nach Hause. Nur einen Nachmittag hatte ich, einen einzigen Nachmittag, an dem der Briefträger von Fabuland mir gehörte. Doch es kam noch schlimmer. Denn in dem gebatikten Stoffbeutel, der an der Türklinke meines Kinderzimmers auf mich wartete, fand ich ... einen Briefträger aus Holz!

Als ich durch den Schleier von Rotz und Tränen wieder etwas sehen konnte, auf dem Boden liegend, auf dem ich mich brüllend gewälzt hatte, verstand meine Mutter es immer noch nicht: »Was ist denn los? Briefträger ist doch Briefträger ...?«

Wie konnte sie das behaupten?! Der Holzbriefträger war ein dummes steifes Stück Stock mit debilem Grinsen und aufgemalter Wasserfarbenfrisur! Aber der Briefträger von Fabuland war eine Bulldogge! Eigentlich bescheuert: Ausgerechnet ein Hund als Briefträger? Der müsste ja sofort auf sich selbst losgehen. Das ist ungefähr so, als ob man einen Stier rot anmalen würde. Aber das war mir damals herzlich egal.

»Du immer mit deinem Plastikzeug«, meinte auch mein Vater – und dann kam der Satz, den ich gefürchtet hatte. Der Satz, der immer kam, wenn ich mir ein neues Spielzeug wünschte: »Das kann man doch viel besser ... selber basteln!«

Selber basteln. Mein Vater wollte immer alles selber basteln. Ob Piratenschiff, Mondlandschaft oder Ritterrüstung – alles wurde selber gebastelt. Mein Spielzeugregal war vollgestopft mit selber gebastelten Puppenstuben, selber gebastelten Kaufmannsläden, selber gebastelten Indianerzelten – und natürlich war auch das Regal selber gebastelt. Ich hasste selber gebasteltes Spielzeug! Ich wusste, wer mit selber gebastelten Sachen spielte, der kam später in die Waldorfschule!

Und ich wollte keine selber gebastelten Spielsachen aus laubgesägtem Balsaholz mit anthroposophisch abgerundeten Ecken, das man mit Kräuteröl eingerieben hatte, um die soziale Entwicklung der Kinder zu fördern, wollte keine Engelchen aus Bioschafwolle mit Wattehaaren aus dem Dritte-Welt-Laden! Ich wollte teures, glänzendes Spielzeug voller Schadstoffe, von dem man Allergien bekam! Spielzeug aus bunten Plastikteilen, von unterernährten Lohnarbeitern in Zwanzig-Stunden-

Schichten irgendwo in Nicaragua am Fließband herge-
stellt für zehn Cent am Tag! Spielzeug, das man *einmal*
zusammensteckte und dann im Regal verstauben ließ!
Da ging's doch nicht um Spielzeug – da ging's um meine Credibility! Was wussten denn meine Eltern von den
Gesetzen der Straße, von den ungeschriebenen Regeln,
die im Sandkasten herrschten? Da wurden keine Anders-
spielenden geduldet ...

Nur einmal in meinem Leben hatte ich etwas selber
gebastelt – einen elektrischen Stuhl für meinen Hamster, und das war ein Notfall, den gab es nämlich nicht
zu kaufen, nicht mal aus Plastik, warum, weiß ich bis
heute nicht. Aber das kam in diesem Fall nicht infrage,
schließlich wollte der Lange Lars den Briefträger haben,
und so lang war seine Leitung auch wieder nicht. Er war
dick und bösartig, am liebsten aß er die Urzeitkrebse aus
dem YPS-Heft, und an seinem Gürtel hingen die abge-
rissenen Köpfe erbeuteter Barbiepuppen. Ja, der Lange
Lars zertrat deine Sandburg nicht einfach – er fraß sie
auf! An einem Stück, hamm, weg, die Sandburg! Der
Lars fraß so viele Sandburgen, der konnte mit der Zunge
die Rinde von den Bäumen schmirgeln. Wenn der nach
dem Spielen nach Hause kam, dann machte er einen
Ziegelstein ins Töpfchen.

Fast die ganze Nacht lag ich wach, ohne einen Ausweg
zu finden. Bis mir ein rettender Engel zu Hilfe kam. Zuerst dachte ich, ich hätte den Stoffbeutel an der Tür hängen lassen, aber dann sah ich, dass es ein neuer Beutel
war, und was ich herauszog, war – der Briefträger von
Fabuland. Oder das, was er gewesen wäre, hätte Rudolf
Steiner ihn entworfen: Jemand hatte der Holzfigur eine

Walnuss als Kopf aufgesetzt, ein Hundegesicht daraufgemalt und mit zwei Reiskörnern beklebt. Sollten ja auch Reißzähne sein.

Mein Vater. Er hatte den Briefträger von Fabuland ... selber gebastelt.

Im ersten Augenblick wollte ich das Bioungetüm in die Ecke schmeißen. Doch dann kam mir eine Idee – eine Idee, die gerade verzweifelt genug war, um zu funktionieren ...

»Ist das *dem* Briefträger vom Fabuland?«, grunzte der Lange Lars am nächsten Morgen, als ich ihm die ökologisch korrigierte Spielfigur hinhielt. Ich konnte sehen, wie sich die Räder in seinem Kopf drehten, wie sie knirschten – und zum Stillstand kamen. Und dann geschah, worauf ich gehofft hatte. Der Lange Lars machte das, was er mit allen Dingen tat, die er nicht verstand: Er schob den Briefträger in den Mund. Knack, machte der Kopf aus Walnuss, ich sah schon den Triumph in Lars' Augen aufblitzen, ehe er abrupt innehielt und langsam rot anlief.

Zum Glück musste ich nie am eigenen Leib erfahren, was ein Cocktail aus Sojasauce, Essig, Meerrettich und Chilipulver mit der Zunge eines Menschen anstellt. Doch das Bild des aufgedunsenen Fleischklumpens, der aus Lars' Mund quoll, hing mir auch dann noch nach, als seine Schreie schon längst zwischen den Wohnblocks verhallt waren ...

Irgendwann habe ich ihn dann doch bekommen, den echten Briefträger von Fabuland. Ich besitze ihn schon lange nicht mehr, genau wie all das übrige Plastikspielzeug. Denn ich weiß, wenn ich einmal Kinder habe, die unbedingt die große Legoritterburg oder die neue Barbieyacht haben müssen, dann sage ich ihnen: »Das kann man doch viel besser ...«

Ihr wisst schon.

Fäustchen und der schwarze Pudel
Aus der Reihe „Weltliteratur für Kinder"

Um dieses kleine Häuschen rennt
Ein Junge, den man Fäustchen nennt.
Weil er sich ins Fäustchen lacht
Und nie sein Kopf ein Päuschen macht.

Er fragt und forscht, bis dass die Welt
Von innen auseinanderfällt;
Sie scheint ihm gar kulissenhaft,
Denn ihn verlockt die Wissenschaft!

Da steht er nun am Gartentor
Und kommt sich klug wie 'n Smartphone vor.
»Ach, Kind, was soll nur aus dir werden?«,
Hört er häufig die Beschwerden.

»Doktor werd ich, geh studier'n«,
Krakeelt er dann mit Denkerstirn,
»Lern Philo, Reli, Medizin
Und Jura, dass ich fett verdien'!«

Und fragt man: »Ist das nicht zu viel?«,
Dann kontert Fäustchen: »Pah! Kein Deal,
Die Zeit, wo 'n Fach zu vollgequetscht war,
Ist vorbei – ich mach doch Bachelor!«

Dann, es ist ein neuer Tag,
Sieht Fäustchen hinterm Heuverschlag
Neben einem Rudel Ziegen
Einen schwarzen Pudel liegen.

Und er denkt: »Welch Traum von Hund!
Warum nur hat der Schaum vorm Mund,
Die Augen rot und winselt laut?
Der hat was an der Bindehaut!«

Verzückt wie Handy-*liebschau*-Tasten
Holt er den Chemiebaukasten;
Dessen bunte Sudelei'n
Flößt er flugs dem Pudel ein ...

Der hüpft und japst sofort gesund,
Und Fäustchen ruft: »Du Sportlerhund,
Du bellst so laut und bist so klein –
Du sollst ab jetzt ›Kläffisto‹ sein!«

Gesagt, getan! Und dank Kläffisto
Wird die Welt sogleich zur Quizshow,
Denn der Freund mit krausem Kopf
Setzt Fäustchen Flausen in den Kopf:

So mästen sie in Nachbars Ställen
Dessen Vieh mit Schlachtabfällen,
Gießen Chemikalien
Ins Beet der blauen Dahlien,

Dann blasen sie per Flötenlauf
Im Rasen alle Kröten auf
Und kippen Öl zum Dorsch ins Becken –
Alles rein zu Forschungszwecken!

Voller Vorwitz und Benehmen,
Dass sich Max und Moritz schämen,
Kokeln sie auch noch am Ginster –
Da wird plötzlich alles finster!

Wolkig hüllt der Himmel wild
In Dunkelheit dies Wimmelbild
Und grollt mit Wetters Verve und Zorn,
Als hätt' 'ne Wette er verlor'n!

Durch Regenguss und Dauerkrach
Flieh'n Knab' und Hund zum Auerbach
Ans Ufer untern Buchenzweig;
Dort steht ein Schild: »Genug! Ich streik!«

Direkt daneben sitzt ein Mädchen.
»Wer bist *du* denn?« – »Ich heiß Gretchen,
Und ich leiste jeden Freitag
Für die Zukunft meinen Beitrag

Gegen diese Wetterlage!«
Und sie stellt die Greta-Frage:
»So wie *du* macht niemand Schmutz!
Wie hältst du's mit dem Klimaschutz?«

Fäustchen ist in Bann geschlagen,
Wenn auch fern von Mannestagen,
Weiß nichts mehr vom Weltengeist,
Derweil Kläffisto bellt und beißt.

Doch Gretchen zückt 'ne Tupperdose,
Zwingt den Hund in Schnupperpose,
Schmeißt 'ne Wurst ins Wasser, und –
Der Pudel ist ein nasser Hund!

Ach, wie müssen beide staunen,
Denn im Fluss beginnt's zu raunen;
Unter Dampf und Lichterglanz
Im Krampfe ringelt sich der Schwanz,

Dann spült's das Schwarz, des Pudels Stolz,
Wie Schokoteig vom Nudelholz –
Und übrig bleibt, verschrumpelt grau:
'Ne riesengroße Umweltsau!

Die Augen glühen grün und sternhaft.
»Dann war *das* des Pudels Kernkraft«,
Folgert Fäustchen; sein Befund:
Es war sein inn'rer Schweinehund ...

Und so entdeckte er durch Gretchen
Sein Int'resse an den Mädchen,
War nach diesem schlichten Flirt
Ein Ökofreak und nicht mehr Nerd.

Darum, Kinder, gebt fein Acht,
Was ihr mit der Erde macht;
Wer sich dumm stellt oder rumbellt,
Schadet allzu leicht der Umwelt.

Und die Botschaft der Geschicht':
Ist dein Kopf ein Schwergewicht
Und stillt dir nichts den Wissensdurst,
Probier's mal mit 'nem Bissen Wurst ...

Wie sich Schrödingers Katze und der Pawlow'sche Hund zum Kaffee treffen
Ein Kinderbuch für Erwachsene

Dingelingeling!

Es klingelt an der Tür.

»Au prima, Essen!«, ruft der Pawlow'sche Hund und macht auf. Draußen steht nur ein Karton.

»Nanu?«, sagt der Pawlow'sche Hund. »Keiner da?«

»Ich bin's«, miaut es aus dem Karton, »Schrödingers Katze.«

»Was machst du denn in der Schachtel?«

»Ich existiere in einem fließenden Quantenzustand!«

Der Pawlow'sche Hund runzelt die Stirn. »Du hast nasse Füße?«

»Nein! Solange ich hier drin bin, weiß keiner, ob ich tot bin oder lebendig.«

»Aha. Wieso?«

»Weil man hier drin irgendwann keine Luft mehr bekommt. Aber solange niemand weiß, *wann* das passiert, bin ich weder tot noch lebendig. Sondern beides gleichzeitig. Toll, oder?«

»Ich dachte, Katzen haben neun Leben?«

»Nein, das mit dem Karton geht mit allen Tieren, auch einer Maus oder einem Elefanten.«

»Ein Elefant passt doch gar nicht da rein«, meint der Pawlow'sche Hund.

»Dann eben eine Schildkröte!«

»Bei Schildkröten weiß ich grundsätzlich nicht, ob sie leben oder nicht, dazu brauch ich keinen Karton.«

»Darum geht's doch gar nicht«, stöhnt es aus der Schachtel.

»Solange du da drin bist«, überlegt der Pawlow'sche Hund, »weiß ich noch nicht mal, ob du überhaupt eine Katze bist. Nur eins weiß ich: Wenn wir uns unterhalten, heißt das, dass du lebst.«

Einen Moment lang herrscht Stille.

»Mist«, sagt Schrödingers Katze dann. »Daran hab ich nicht gedacht.« Und steigt aus dem Karton.

»Dann komm erst mal rein«, sagt der Pawlow'sche Hund. Beim Eintreten kommt Schrödingers Katze aus Versehen an die Türklingel. *Dingelingeling!*

»Au prima, Essen!«, ruft der Pawlow'sche Hund und läuft in die Küche. Schrödingers Katze stutzt, dann läutet sie noch einmal.

Dingelingeling!

»Au prima, Essen!«, ruft der Pawlow'sche Hund und kommt zurück. »Jetzt hab ich Hunger, als hätte ich nichts gegessen seit drei ...«

Dingelingeling!

»... seit vier Tagen! Setz dich, der Kaffee kommt gleich«, meint er und nimmt Schrödingers Katze die Tüte ab, die sie in den Pfoten hält. »Wow, du hast ja Teilchen mitgebracht!«

»Das sind keine Teilchen«, sagt sie stolz. »Das ist Donauwelle!«

»Na, sind doch auch Teilchen.«

»Donauwelle!«

»Teilchen!«

»Welle!«

»Teilchen!«

»Welle!«

So geht es eine Weile weiter, bis der Pawlow'sche Hund ein Stück nimmt. »Na gut, Ansichtssache. Und womit sind die gefüllt?«

Schrödingers Katze zögert. »Kirschen. Obwohl ... Es könnten auch Himbeeren sein. Ach, solange man sie nicht aufschneidet ...«

Gerade will der Pawlow'sche Hund in den Kuchen beißen, da geht die Eieruhr in der Küche. *Rrringgg!*

»Puh, bin ich satt«, stöhnt er und sackt zusammen.

Schrödingers Katze schaut ihn verwundert an. Da klingelt es schon wieder.

Dingelingeling!

»Au prima, Essen!«, ruft der Pawlow'sche Hund und verschlingt ein ganzes Stück Kuchen auf einmal.

Schrödingers Katze geht zur Tür, um nachzusehen, wer geklingelt hat. Draußen steht eine Schildkröte.

»Hallo, ich habe gehört, dass hier ein Karton frei ist?«

»Das war nur ein Beispiel!«, sagt Schrödingers Katze. »Dich gibt es gar nicht!«

»Moment – *noch* bin ich nicht in dem Karton.«

»Aber in einem Panzer, das reicht!«

»Juchhu, fließender Quantenzustand!«, jubelt die Schildkröte, während ihr Schrödingers Katze die Tür vor der Nase zuschlägt. Als sie ins Wohnzimmer zurückkommt, frisst der Pawlow'sche Hund gerade das dritte Stück Kuchen.

»Hör mal«, maunzt Schrödingers Katze. »Wieso kriegst du Hunger, wenn es klingelt?«

»Weil immer irgendwer *genau dann* klingelt, wenn ich mich zum Essen hingesetzt habe.«

»Und die Eieruhr?«

»Na ja, neulich hatte ich so ein Klingeln im Ohr. Da musste ich die ganze Zeit was essen und hab zehn Kilo zugenommen. Aber dann habe ich gemerkt, dass Klingeln auch satt machen kann, wenn ich ein anderes Glöckchen nehme.«

Die Eieruhr klingelt zum zweiten Mal. *Rrringgg!*

Der Pawlow'sche Hund presst sich die Pfoten vors Maul und läuft grün an. Winselnd zeigt er auf die Hausapotheke an der Wand. Schrödingers Katze staunt, als sie darin lauter Glöckchen findet. Jedes hat ein Etikett: »Aufregung« liest sie, »Gassi« und »Winseln«. Eigentlich hat sie das Glöckchen »bei Bauchweh« schon gefunden, aber weil Katzen so neugierig sind, läutet sie zuerst das mit der Aufschrift »Frieren«. Sofort zittert der Pawlow'sche Hund am ganzen Leib, während er den Kopf schüttelt, was man aber vor lauter Zittern nicht sehen kann. Als Nächstes läutet sie das Glöckchen »Schwitzen«, und schon hechelt der Pawlow'sche Hund wie verrückt. Beim Glöckchen »Appetit« sabbert er hilflos auf seinen vollen Bauch, von der »guten Laune« muss er hysterisch lachen, und als Schrödingers Katze mit der »Müdigkeit« klingelt, ist er eingeschlafen, noch bevor seine Schnauze in der Donauwelle landet.

»Das ist ja krass!«, meint Schrödingers Katze. »Hast du auch was gegen Haarbälle?«

Aber der Pawlow'sche Hund schläft tief und fest.

»Hey«, ruft sie. »Du hast ja gar nichts zum Aufwachen!« Da sieht sie zwischen den Glöckchen einen Wecker. »Ach so, klar.«

Beim ersten Läuten ist der Pawlow'sche Hund hellwach. Bevor er sich übergeben muss, hat Schrödingers Katze ihn gesund gebimmelt, und er bleibt schnaufend und kuchenverschmiert in seinem Sessel liegen. »Mach das *nie* wieder«, keucht er.

»Du bist ja glöckchensüchtig«, meint Schrödingers Katze.

»Ach was, mir geht's gut«, meint der Pawlow'sche Hund. »Und wenn ich mich schlecht fühle ...« Grinsend zieht er ein Glöckchen hervor.

Schrödingers Katze nimmt es ihm weg. »So geht das nicht! Dagegen musst du was tun. Wenn du gegen alles ein Glöckchen hast, warum nicht auch eins gegen Glöckchen?«

»Das ist ja unlogisch. Ich kann doch eine Klingelsucht nicht wegklingeln. Dann wäre ich ja gleichzeitig süchtig und nicht süchtig und ...«

»Natürlich!«, ruft Schrödingers Katze. »*Das* ist es!«

»Was ist was?«

»Warte mal«, ruft sie und läuft zur Tür. Als sie zurückkommt, trägt sie ihren Karton unter dem einen Arm und die Schildkröte unter dem anderen.

»He«, schimpft die, »ich hatte schon *zwei* Stufen geschafft!«

Kurz darauf betrachtet Schrödingers Katze ihr Werk.

Nur der Pawlow'sche Hund guckt ein bisschen skeptisch. »Ich weiß nicht, ob es so nett war, der Schildkröte alle Glöckchen in den Rachen zu stopfen?«

»Aber solange die Dinger in ihrem Bauch sind und sie im Karton bleibt, weißt du nie, ob es gerade klingelt oder nicht«, erklärt Schrödingers Katze. »Dann existiert deine Sucht ...«

»Ich weiß, fließßender Quantenzustand«, nickt der Pawlow'sche Hund.

»Nur ich hab keinen Karton mehr«, sagt Schrödingers Katze traurig. Da hält ihr der Pawlow'sche Hund zwei Glöckchen hin, die miteinander verknotet sind. »Probier mal die.«

Auf dem einen Glöckchen steht »tot«, auf dem anderen »lebendig«.

»Tolle Idee!«, ruft sie. »So bin ich beides gleichzeitig und muss dafür nicht mal in dem blöden Karton hocken!«

»Na, dann können wir ja endlich in Ruhe Kaffee trinken«, sagt Schrödingers Hund.

»Au prima, Essen!«, ruft die Pawlow'sche Katze.

»*Hicksdingelglingglong*«, macht Schrödingers Pawlosche Schildkröte im Karton.

Langton's End.